人死亡後會到哪裡去？

這些離奇的「巧合」，誰能對它作出令人滿意的解釋？

聳人聽聞的
離奇巧合事件

真的是巧合嗎？

ODD COINCIDENCES
ARE THOSE REAL?

齊清屏 編著

的人可能是巧合，
海難的倖存者都叫同一個名字，就不是用機率論能夠解釋的了。
竟還有多少不為人知的秘密？

i-smart

智學堂

智慧是學習的殿堂

國家圖書館出版品預行編目資料

聳人聽聞的離奇巧合事件：真的是巧合嗎? / 陳奇勳
編著. -- 初版. -- 新北市：智學堂文化，民102.11
面；　公分. -- (神秘檔案；7)
ISBN 978-986-5819-13-2(平裝)
1.世界史 2.通俗史話
711　　　　　　　　　　　　102018721

神秘檔案：07

聳人聽聞的離奇巧合事件：真的是巧合嗎？

編　　著 ─ 陳奇勳
出 版 者 ─ 智學堂文化事業有限公司
執行編輯 ─ 廖美秀
美術編輯 ─ 林子凌
地　　址 ─ 22103　新北市汐止區大同路3段194號9樓之1
　　　　　　TEL　（02）8647-3663
　　　　　　FAX　（02）8647-3660

總 經 銷 ─ 永續圖書有限公司
劃撥帳號 ─ 18669219
出 版 日 ─ 2013年11月

法律顧問 ─ 方圓法律事務所　涂成樞律師
cvs 代理 ─ 美璟文化有限公司
　　　　　　TEL　（02）27239968
　　　　　　FAX　（02）27239668

驚魂的自然謎團

地球上究竟還有多少
不為人知的祕密

秀才不出門，便知天下事。

事實真是如此嗎？

不要說人類自身的歷史，就是人類所生活的地球上，

人類究竟知道多少呢？

不為人知的人類角落

1000多年前，武陵人發現了桃花源；

1000多年後的今天，又不斷發現野人、水怪的出沒，

對於這個星球我們究竟知道多少呢？

還有多少不為我們所知的角落呢？

神奇的生物世界

天地開闢以來，地球上究竟存在多少物種，
又有多少滅絕了？
恐龍、猛獁象，再龐大的物種，
在天地之間又都是多麼渺小，總有消亡的一天。

讓人恐懼的驚魂之域

地球有救人之地，必有傷人之地。

能發現救人聖泉，又有誰知道殺人毒泉在哪裡？

不為人知的

人類角落

1000多年前，武陵人發現了桃花源；
1000多年後的今天，又不斷發現野人、水怪的出沒，
對於這個星球我們究竟知道多少呢？
還有多少不為我們所知的角落呢？

神農架有野人嗎

在人類的進化中，是否存在另一個物種，也就是「野人」呢？

　　《山海經‧中次九經》中記載：「熊山（即今鄂西北神農架）中有一種身高一丈左右，渾身長毛，長髮、健走、善笑的『贛巨人』或稱爲『梟陽』、『狒狒』的動物。西漢時期成書的《爾雅》中記載：『狒狒』人形長丈，面黑色，身有毛，若反踵，見人而笑。」這是歷史上關於神農架「野人」的傳說。然而，現實中的神農架真的有野人嗎？

　　西元1915年，神農架邊緣地帶的房縣，有個叫王老中的人，他以打獵爲生。一天，王老中進山打獵，中午吃過乾糧，抱著獵槍在一棵大樹下休息。不一會兒，他就迷迷糊糊地睡著了。朦朧中，他聽到一聲怪叫，睜眼一看，有一個2米多高、遍身紅毛的怪物已近在咫尺。他的那隻心愛的獵犬早已被撕成了血淋淋的碎片。王老中驚恐地舉起獵槍，沒想到紅毛怪物的速度更快，瞬間跨前一大步，

奪過獵槍，往岩石上摔得粉碎。然後，笑眯眯地把嚇得抖成一團的王老中抱進懷中⋯⋯

王老中迷迷糊糊中，只感到耳邊生風，估計紅毛怪物正抱著自己在飛跑。不知翻過多少座險峰大山，最後他們爬進了一個懸崖峭壁上的深邃山洞。王老中漸漸地清醒過來，這才看清紅毛怪物的胸前有兩個像葫蘆一樣大的乳房。他立刻明白了，這個怪物原來是個女「野人」。

白天，女「野人」外出尋食。臨走的時候，她便搬來一塊巨石堵在洞口。晚上，女「野人」便抱著王老中睡覺。

一年後，女「野人」生下一個小「野人」。這個小「野人」與一般小孩相似，只是渾身也長有紅毛。小「野人」長得很快，身材高大，力大無窮，已能搬得動堵洞口的巨石了。由於王老中思念家鄉的父母和妻兒，總想偷跑回家，無奈巨石堵死了他的出路。因此，當小「野人」有了力氣後，他就有意識地訓練小「野人」搬石爬山。一天，女「野人」又出去尋找食物，王老中便用手勢讓小「野人」把堵在洞口的巨石搬開，接著自己爬下山崖，趟過一條湍急的河流，往家鄉飛跑。就在這時，女「野人」回洞發現王老中不在洞裡，迅速攀到崖頂號叫。小「野

15

人」聽到叫聲，野性大發，邊號邊往回跑。由於小「野人」不知河水的深淺，一下子被急流捲走。女「野人」也淒慘地大叫一聲，從崖頂一頭栽到水中，也隨急流而去。

已不成人形的王老中逃回家中，家人驚恐萬狀，竟不敢相認。原來他已失蹤十幾年，家人都為他就早死了。

這個離奇的傳說，似乎說明，野人真的存在，而且能與人類婚配，二者應該有一定的血緣關係。

在湖北省委和中國科學院的領導下，1977年組織了新中國成立以來最大的「野人」考察隊。考察隊員來自北京、上海、陝西、四川、湖北等省市的科研機構、大專院校、博物館、動物園的專業人員，武漢部隊33700部隊派出了偵察支隊，房縣和神農架林區派出了熟悉情況的幹部和嚮導。這次考察歷時140天，足跡遍佈神農架及其周圍方圓1500多平方公里的深山峽谷，收集了大量的資料。

1977年6月19日晚，「野考」一隊李健（原湖北省鄖陽地委宣傳部副部長）接到一通緊急電話，報告了房縣橋上公社群力大隊女社員龔玉蘭和她的4歲的兒子楊明安在水池埡路遇到「野人」。在龔玉蘭的帶領下，找到「野人」蹭癢的那棵大松樹，並在那棵樹上取下幾十根棕褐色的毛。毛是從1.3米到1.8米高處的樹幹上找到的。從形

狀、粗細來看，與人的頭髮十分相似。後經武漢、北京等科研部門用顯微鏡觀察，並與靈長目的動物——獼猴、金絲猴、白眉長臂猿、大猩猩、黑猩猩以及現代人的毛髮作了比較。結果證明：「野人」毛主要形態結構特徵明顯不同於上述靈長目動物。以後又從7個地方找到了7份「野人」毛髮，均是如此。

作為另一個有力的證據，就是化驗「野人」的糞便。1976年11月前，在靠近神農架的房縣蔡子窪東側，曾有多人多次在這個地方發現過「野人」，考察隊對這裡進行了現場搜索，在山梁半坡一個陡崖頂部發現了「野人」的6堆糞便，都已乾燥。經觀察，有較多未消化的果皮，野栗皮等殘渣，在蕭興揚發現「野人」的地方找到的糞便中，還發現大量昆蟲蛹皮，糞便直徑2.5釐米，這些糞便與熊、猴、猩猩的均不相同，且又與人的糞便有差異。因為人是不會吃昆蟲與野果皮的。1980年考察隊又多次找到「野人」的糞便，經分析糞便內有未消化的竹筍、橡子和小動物的毛骨，糞便呈盤狀。在兩個呈八字形的腳印之間，這明顯和其他動物大便方式不同，而與人相似。

大量的證據似乎證明神農架的野人確實存在，然而如何才能找到他們呢？

不為人知的人類角落

青海湖驚現水怪

神祕的西部，神祕的青海湖，神祕的水怪！

青海湖，古稱「西海」，是我國最大的內陸湖，海拔3196米，面積4583平方公里，最深處達30多米。這裡自古荒涼，有許多神話傳說，近幾十年關於水怪的傳聞又爲它塗上了一層更加神祕的色彩。

1955年6月中旬，一小隊解放軍戰士陪同一位科學家在青海湖進行科學考察。一天，他們10個人分乘兩輛水陸汽車，從海星山東則向對岸開去。中午11～12點，天氣比往常熱，水面較平靜。當行進大約十七八公里時，班長李孝安發現右前方80米處出現一個10餘長，寬2米左右的黑黃色東西，其頂端基本與水面持平。當時，李孝安以爲是遇上了長著青苔的沙丘，便提醒司機注意。「河丘」越來越近了，在與戰士們相距30米左右時，肉眼都可以看清它。正當人們議論它時，突然看見「沙丘」向上閃動了一下，露出水面約30釐米，接著馬上又下沉，消失不見了。

1982年5月23日下午，青海湖農場五大隊二號漁船職

工再次目擊到「水怪」。那天下午天氣悶熱，湖面風平浪靜，4點多時這艘漁船開始返航。後來站在船尾的兩名工人看見在海星山偏北20度東面，有一個巨大的黑黃色怪物在水面上一動一動的，像一隻舢板船反扣的形狀，比舢板船稍大，不露頭尾，大約13～14米。舵手立即掉轉船頭直衝這個水怪，但船開到距離這個怪物大約50米的地方，可能由於漁船聲音太大，驚動了它，怪物馬上潛下水去。從發現怪物到其下潛，共約5分鐘。下潛時怪物身上閃著魚皮似的光，水面上出現了一道又寬又大的迴旋水流，一直持續了很長時間。令人高興的是，漁船記錄簿上詳細記述了整個目擊經過，為研究青海湖水怪提供了第一次真實可靠的文字記載。

青海湖有五個大島，最大的是海心山。水怪出沒地點都在海心山與湖東岸之間，所見都為黑或黑黃色，長度都是10多米，估計是同一動物，起碼是同一類動物。從形狀看，它們肯定不是蛇頸龍之類的遠古爬行動物，因為三次都是不露頭，不露尾，背部也沒有多大的「駝峰」。

青海湖水怪是什麼呢？是大魚，還是真正的水怪，抑或其他什麼生物？誰也說不清楚。

不為人知的人類角落

喀納斯湖水怪

新疆給人所帶來的神祕，越來越多，人類究竟什麼時候才能破解其中的謎團呢？

「喀納斯」蒙古語，意爲「峽谷中的湖」。喀納斯湖湖面海拔1374米，南北長24公里，平均寬約1.9公里，湖水最深188.5米，面積45.73平方公里。就在這個形如彎月的湖泊中，竟然藏著大「水怪」。

2005年6月7日，一群來自北京的遊客在喀納斯湖面上乘船遊覽，當船行進到三道灣附近時，離船200多米遠的水面上突然激起1米多高，20多米長的浪花。突然出現的浪花快速的向湖心方向湧動。遊客李筱陵拍攝到了這十分珍貴的場景。

在一陣大浪湧過之後，人們發現，遠處的水面下出現了一個巨大的身影，而且這個身影也在快速的向湖心方向游動。過了一會兒，原本連在一起的不明物體變成了兩個，一前一後在水面下潛行。大約兩分鐘以後，兩個不明物體隱身水下，迅速地消失了。這是人類唯一一次近距離

聳人聽聞的
離奇巧合事件

拍攝到喀納斯的不明物體。這次目擊事件使得世人重新想起流傳已久的喀納斯水怪的傳說。那水面下舞動的身影就是傳說中的水怪嗎？它究竟有多大？又會是什麼呢？

　　喀納斯管理局的護林員金剛，是水怪最早的目擊者之一。1975年的8月1日那天，金剛看到整個喀納斯湖中間有一個巨大的紅色物體漂浮著。長度有十五六米長。這是他第一次在喀納斯湖看到如此大的漂浮物，並發現不明物體正在緩慢地移動。奇怪的是，當第二天再來觀察時，那個物體卻早已經消失得無影無蹤。

　　金剛看到的物體會不會是枯木呢？因為在喀納斯湖的上游經常會堆積一些枯木，並漂有很多動物的屍骨，在這裡造成恐怖現象。但是，為什麼那些枯木沒有順流而下，反倒沉積在上游呢？如果不是那又會是什麼呢？

　　兩年後的秋天，金剛騎馬巡山時，他再次看見湖的中間有一個大概四五十公分高的不明物體。當他到附近的牧民家裡借一架望遠鏡想看個究竟時，卻遭到了當地居民的訓斥，並且告訴金剛這是不能亂說的。這讓金剛十分意外和迷惑，這些老人似乎在刻意隱瞞著什麼祕密。

　　喀納斯湖附近的土瓦族也有人說曾看到過一個一米長的背鰭，但是並不知道那是什麼東西。看來，大家也知

不為人知的人類角落

道湖水裡面存在一些神祕的東西。而且當地流傳了許多關於水怪的傳說。那麼，爲什麼當地人要編造這些傳說呢？難道這背後真的有什麼不爲人知的祕密嗎？

水怪的傳聞一直流傳著，在風平浪靜的湖面上，沒有一條船，但是會經常奇怪地突然出現大浪。2003年9月27日下午7點左右，喀納斯管理局的幹部賽力克和同事坐著汽艇去湖面巡視，汽艇行至二道灣，轟然一聲掀起了一個巨浪，一個巨大的黑色物體躍出水面約20米左右……

這次目擊事件被傳得沸沸揚揚，加上之前的種種傳聞與目擊事件，使得人們相信，喀納斯湖真的有水怪存在。

1985年夏天，一支科學考察隊曾經來到過喀納斯，目的之一就是考察喀納斯湖是否真的有水怪存在。透過考察，科學家們一致傾向於所謂的喀納斯水怪就是哲羅鮭。因爲它非常兇猛，行爲詭異，肚皮白色，身上有紅色的斑點，成年後紅色的斑點會更加明顯。這也正好符合目擊看到的水怪的顏色。但是過去人們捕捉到的哲羅鮭最大記錄卻只有兩米多一點。爲什麼這次看到的哲羅鮭卻如此巨大，達到十米以上呢？

一方面是來自各層次目擊者的充足證據，另一方面

是來自魚類研究專家的強烈質疑，究竟誰更接近真實呢？
在喀納斯幽深的湖底究竟還隱藏著多少祕密呢？至今仍然
無人解開這一謎團。

不為人知的人類角落

世界上有「雪人」嗎

在全世界流傳的關於雪人的神祕傳說，給人類帶來無限的幻想空間。

　　女作家吉爾寧在她那部引起轟動的著名探險記《雪人和它的伴侶們》裡，描述了這樣的經歷：一次，她在一群尼泊爾少女的陪同下深入喜馬拉雅山南麓尋覓雪人。一個陽光明媚的日子裡，這群少女在雪山間的一條山澗裡裸泳嬉戲，不幸被十幾頭夜帝發現。它們呼嘯著一擁而上，將這群可憐的少女盡情擄走。吉爾寧幸而未及下水——在一處山崖旁觀賞雪景，因此得以脫逃。世上真的有「雪人」嗎？

　　喜馬拉雅雪人，當地的夏爾巴人稱之為夜帝，意思是居住在岩石上的動物。它行動極快，人們有時會在厚厚的積雪上看到它留下的一串足跡，世界的很多高山上似乎都留有它的足跡。但更多的線索則是存在於中國西藏和尼泊爾交界處的喜馬拉雅山脈中。

　　關於雪人的神祕傳說總是從當地的夏爾巴山人口中

聾人聽聞的
離奇巧合事件

傳出，一些聲稱見到過夜帝的當地人這樣描述這個動物：它們高1.5～4.6米不等，頭顱尖聳，紅髮披頂，周身長滿灰黃色的毛，步履快捷。其碩大的雙腳可以在不轉身的情況下迅速轉向180度以便爬升和逃跑。

一個關於夜帝的神奇描述出現在1938年。當時的加爾各答維多利亞紀念館館長奧維古（音譯）上尉，獨自在喜馬拉雅山旅行時，一場突然的暴風雪橫掃喜馬拉雅山，頃刻間他患了雪盲，在寒冷的風雪中坐以待斃。就在他接近死亡時，他被一個近3米高的動物掩護住身體，保住了性命。直到他的感覺恢復，能適應周圍環境時，這個神祕的動物消失了。

在很多其他的傳說中，夜帝就沒有這麼仁慈了。一個放牧犛牛的夏爾巴女孩曾描述了她被夜帝驚嚇的過程：一個平常的日子，女孩趕著犛牛在山中放牧，突然，一個有著黑灰毛髮的巨大類猿動物出現在這個夏爾巴女孩面前。一開始拖著她，好像要帶走她似的，但後來好像是被她驚恐的尖叫聲鎮住了，就放了她。這個巨大的動物還野蠻地殺死了她的兩頭犛牛。女孩逃回家中，這個事件被報告給了當地的警察局，隨後趕到的員警發現了腳印。

這樣的故事足以最大限度地勾起探險家的想像力，

不為人知的人類角落

探尋神祕的夜帝成為他們永駐心頭的嚮往。最早關於夜帝的比較可靠的報導是在1925年，希臘攝影師湯巴茲是英國地質探險隊的一名成員在喜馬拉雅山上探險時，一個人形的動物在遠處一個低斜坡穿過，闖入他們的眼簾。在海拔4500米的高處，這個人形動物幾乎離他們有300米遠。「毫無疑問，這個動物的體形確實很像一個人，直立行走並且偶爾停下時，會連根拔起或拉起一些矮小的樹叢，」湯巴茲說，「與雪比起來它顯得有點黑，直到我能夠辨認它並沒有穿衣服。」

在湯巴茲按下照相機快門之前，這個動物消失並且再也沒有出現。他走向那個他曾發現這個動物的地方，看到了在雪地上的腳印。「它們在外形上非常像人腳的形狀，但在腳最寬的部分，也只有18～21釐米長，12釐米寬，五個腳趾的痕跡非常清晰，但腳後跟的輪廓卻有些模糊……」

共有15個腳印被發現，每一個腳印之間的距離大概有30～60釐米，湯巴茲在茂密的叢林中錯過了它的蹤跡。當他問當地人這個動物的名字時，當地人告訴他那是「干城章嘉峰魔鬼」（干城章嘉峰是喜馬拉雅山東部的山脈，世界第三高峰）。湯巴茲並不認為他看到的是一個魔鬼，

但他也不知道那是其他什麼東西。也許他看到了一個流浪的佛教徒或者印度修士，抑或是一個隱士。隨著時間的流逝，其他關於夜帝的故事浮出水面後，湯巴茲開始懷疑——是不是他看到的也是一個夜帝呢？

與湯巴茲看到的腳印不太一樣，現在人們看到的最清晰的腳印照片是英國登山家艾瑞克‧西普頓和麥克爾‧沃德1951年發現的，他們給這些腳印拍下了照片。他們發現這些足跡是在門朗冰河的西南坡，它位於西藏和尼泊爾之間，海拔20000英尺。他們看到的腳印要比湯巴茲看到的大得多，每一個腳印39釐米寬，54釐米長。那些痕跡似乎是新的，並且西普頓和沃德一直跟著這個足跡走了約一英里，最後它消失在硬冰裡。

如此看來，雪人似乎肯定是存在的，只是人們還沒能夠確定它應該被怎樣界定。很多關於雪人的說法顯示，這種動物可能擁有類似於人的智慧，可能要比人的智慧低，比猿要高，甚至有人說會高於人的智慧。

並不是每個人都願意相信雪人的存在，很多學者對探險家們提供的證據都表示懷疑。畢竟，所有關於雪人存在的敘述都只是來自一些可疑的證據和道聽塗說。

即使是西普頓拍下的清晰照片，也不能證明那就是

不為人知的人類角落

夜帝留下的。一些科學家認為這些照片並不能證明足跡就是來自某些未知的動物。那些腳印看上去倒很可能是一種猴子或棕熊走過的痕跡。他們注意到在雪中的足跡，被太陽照射後溶化，可能改變了形態並且變得更大。

　　義大利著名登山家萊因霍爾德・梅斯納表示，他花了12年的時間證明「雪人」根本不存在。所謂的雪人只不過是喜馬拉雅山的棕熊而已！

　　關於雪人的探索還遠遠沒有結束。沒有確鑿的證據支持雪人的存在，但是也沒有辦法證明它並不存在。

美國的「蜥蜴人」

電影版的「蜘蛛人」已經是眾所周知，然而你聽説過現實版的「蜥蜴人」嗎？

1954年，美國拍攝了一部電影《黑湖怪物》，講述了原始時期的人類故事。其中的景象驚奇異常，不僅有恐龍、翼龍，還有蜥蜴人。電影本來是虛構的，然而有誰能夠想到竟然有人在現實中親眼目睹到了蜥蜴人呢！

1988年6月29日下午，美國南卡羅來納州李縣畢肖維勒村莊外，沼澤地旁，一個名叫克利斯・達維斯的17歲小夥子正在換車胎時忽然聽到身後有響動，他回頭一看，頓時嚇得目瞪口呆：離他約25米處有一個怪物正朝他走過來，一雙眼睛紅得冒火。他慌忙逃進車內，並想拉上車門。不料，那狀似蜥蜴的怪物已奔到面前，同時抓住了車門，雙方便對拉起來，「怕是凶多吉少，說不定要和它拼一回命！」後來他回憶說，「我轉過頭瞧了它一眼，清清楚楚看見它的雙手只有三個指頭，又黑又粗又長，綠色的皮膚非常粗糙，身材高大，強壯極了。」除達維斯外，少

不為人知的人類角落

年羅德尼・諾爾菲和山尼・斯托基斯也看見過「蜥蜴人」從他們的汽車前面飛快跑過去；工人喬治・霍羅曼說，他在世界20號公路和15號公路會合處不遠的沼澤地一口自流井抽水時，看到蜥蜴人在不遠處徘徊。

隱祕動物學會的創立人埃利克・貝克喬分析：「蜥蜴人似乎也極愛吃麥克唐納快餐館的夾魚三明治。它們以沼澤地爲家，也許是由於饑餓才襲擊了達維斯的車子，因爲車內有這種三明治，還有漢堡包和法式炸牛排。」這以後，很少再聽到有關發現「蜥蜴人」的消息。

有人估計，1988年夏天美國大旱不已，活動在沼澤地區的熊都隨著野餐旅遊者到尤斯麥蒂國家公園去了，而「蜥蜴人」和其他大腳怪有可能留在原地沒有走，成了乾旱的犧牲品。諾爾菲和斯托基斯倆人遇到「蜥蜴人」的消息傳出後，南加州騎警麥克・霍奇等人曾專程仔細查勘了發現地周圍一大片地區。發現有三處被攪得亂七八糟的紙板堆，體積約40加侖，離地2.5米高處的紙板給扯了下來。據霍奇透露，他們找到幾個像人一樣的腳印，面積35～45釐米，十分清晰地印在發硬的紅色沙地上。阿特金森則在離腳印350米處看到地面印著另外一行腳印，顯然是他們搜尋期間內有位不速之客來到汽車旁邊，待了一會

兒又溜回去了，把腳印留在汽車的輪胎輾出的印痕上。

　　達維斯等人的描述與目前存檔的大腳人記錄材料基本一致：身材高大，紅眼睛，全身披著長毛，唯一不同的是手指腳趾，過去的記錄都是5個，只有蜥蜴人是例外，所以具有特殊的研究價值。

　　那麼，美國真的有「蜥蜴人」嗎？不少人信以為真，認為達維斯等人的報告是可信的。但有學者認為，「蜥蜴人」不可信，因為缺乏生存和傳宗接代的條件。根據最基本的生物學原理，一個高級動物種要維持生存，必須擁有一個適合的生存的環境和最低基數的種群。沒有足夠的實物和不夠這個基數，或者夠這個基數但由於分散而不常接觸，這個種就會滅亡。而達維斯等人看見的都是孤身的「蜥蜴人」，未見過其群體或家族，所以不可能傳宗接代。

　　究竟可信與否，恐怕誰也不敢確定。那麼，「蜥蜴人」究竟為何物呢？至今仍是謎團一片。

不為人知的人類角落

綠孩子的傳説

地球上除了白、黃、黑三種膚色，還有綠色人種。

1887年8月的一天，對於西班牙班賀斯附近的居民來說，是終生難忘的。這天人們突然看見從山洞裡走出兩個綠孩子。人們簡直不敢相信自己的眼睛，就十分小心翼翼地走到跟前仔細觀看。沒錯，這兩個孩子的皮膚真是綠色的，身上穿的衣服質料也從來沒有見過。他們不會說西班牙語，而只是驚恐地不知所措地站著。好奇和同情心使人們很快給這兩個孩子送來了食物，可惜起初他們不肯進食，那個男孩也就很快地死去了。而那綠女孩還比較乖巧，她居然學會了一些西班牙語，並能和人們交談。據她後來解釋自己的來歷時說，他們是來自一個沒有太陽的地方，有一天，被旋風捲起，後來就被抛落在了那個山洞裡。這個綠女孩後來又活了5年，於1892年死去。至於她到底從哪裡來，為什麼皮膚是綠色，人們始終無法找到答案。

但是這兩個奇怪的綠孩子的事件並不是在地球上獨

聳人聽聞的
離奇巧合事件

一無二的。早在11世紀，據傳說，從英國的烏爾畢特的一個山洞裡也曾走出來兩個綠孩子。他們的長相、皮膚和西班牙的這兩個綠孩子極爲相似。令人驚異的是，當時的那個綠女孩也說，她們也是來自一個沒有太陽的地方。

這兩次奇怪的事件，始終使人們困惑不解。因爲人們都知道地球上的人只有白、黃、黑三種膚色，而有些自稱見過外星人的人在說到外星人時，總是把他們描繪成身材矮小，發出綠色的類人生物，也被稱爲「小綠人」。這不禁使人們想到，在西班牙發現的綠孩子是不是與被稱爲「小綠人」的外星人有關。而綠孩子自稱的「沒有太陽的地方」，到底是哪兒呢？

不爲人知的人類角落

神祕的 海底人

神祕的海底人，是人類進化的分支，還是外星人，抑或是不為人知的新物種？

地球上是否就存在我們人類這一種智慧動物呢？進入20世紀以後，根據一些科學家和探險家的考察，認爲地球上還存在著另一種神祕的智慧動物——海底人。這是真的嗎？

最早發現不明潛水物是在1902年。一艘英國貨船在非洲西岸的新幾內亞海域，發現了一個巨大的浮動怪物。它的外形很像一艘現代的太空船，直徑10米，長70米。當船員試圖接近它時，這一怪物竟不聲不響地沉入水下銷聲匿跡了。

1963年，在波多黎各島東南部的海水下發現了一個不明潛水物，美國海軍先後派了一艘驅逐艦和一艘潛水艇追趕此物。他們在百慕達三角區追趕了約900千米，美國其他13個海軍機構也看到了這個怪物。人們發現，這個怪物只是一個螺旋槳。他們前後一共追趕了4天，仍未追

到。有時候，它能鑽到水下8000米深處，看來不像是地球人製造的一種新式武器。

1973年，在大西洋斯特里海灣，丹德爾‧莫尼船長發現水下有一條類似雪茄菸的「船」，其長約40～50米，正以每小時110～130公里的速度航行，並直奔丹德爾的船而來。但正在接近時，它卻悄然繞船而過。在這件事發生之後半年，北約組織和挪威的數十艘軍艦在維恩格斯納海灣發現了一個被稱爲「幽靈潛水艇」的水下怪物，雖然使用了各種武器對它進行攻擊，但它全無反應。而當它浮出水面時，所有軍艦上的無線電通信、雷達和聲吶儀等系統全都失靈，直到它消失後才恢復正常。

1959年2月，在波蘭的格丁尼亞港發生了一件怪事。在當地執行任務的一些人，忽然發現海邊有一個人。他疲憊不堪，拖著沉重的步履在沙灘上挪動。人們立即把他送進了格丁尼亞大學的醫院內。他穿著一件制服般的東西，臉部和頭髮好像被火燒過。醫生把他單獨安排在一間病房內進行檢查。人們立即發現很難解開此人的衣服，因爲它不是用一般呢子、棉布之類的東西縫製的，而是用金屬做的。衣服上沒有開口處，非得用特殊工具使力才能切開。體檢的結果使醫生大吃一驚：此人的手指和腳趾數都與眾

不同，此外他的血液循環系統和器官也極不平常。正當人們要對他進一步做研究時，他忽然神祕地失蹤了。在此之前，他一直活在那個醫院內。

這是一個什麼人？他來自何方？

有的科學家認爲，這些可能說明外來文明匿身於海底，因爲那種超級潛水物體所顯示的異乎尋常的能力，實在是地球人所不可企及的。海洋是地球的命脈，因此存在地球本土之外的某些文明力量對我們人類進行密切關注是必然的。超級潛水物也許已經擁有了它們的海底基地，至於它們的活動當然不是爲了和地球人做「捉迷藏」的遊戲。海洋利於隱藏或者說潛伏，這固然是事實，但更主要的是海洋能夠提供生態情報，這已經足夠了。如果說未來的某個時候科學家發現了並不屬於地球人類的海洋活動場所的話，那麼這該是不足爲奇的事情了。因爲人們畢竟早已猜測到了外來文明力量存在於地球水域中的事實。

甚至也有研究者認爲：不明潛水物的主人來自地球，不過他們生活在水下，甚至生活在地下。據說，1968年1月，美國TG石油公司的勘探隊在土耳其西部270米的地下，發現了深遠的穴道。穴道高約四五米，洞壁非常光滑，如人工打磨一般。穴道向前不知延伸到何處，左右連

接著無數的穴道，宛如一地下迷宮。也許在地下，果真有一個我們未知的世界。

上述種種事件不能不使人們浮想聯翩：難道在蔚藍色的大海深處有另一種人存在嗎？

有一種觀點認為，「海底人」確實存在，它們既能在「空氣的海洋」裡生存，又能在「海洋的空氣」裡生存，是史前人類的另一分支，其理由是：人類起源於海洋，現代人類的許多習慣及器官明顯地保留著這方面的痕跡，例如，喜食鹽，身無毛，會游泳，海生胎記，愛吃魚腥等，而這些特徵則是陸上其他哺乳動物所不具備的。

第二種觀點則認為，「海底人」不是人類的水下分支，很可能是棲身於水下的特異外星人，理由是這些生物的智慧和科技水準遠遠超過了人類。

對於世界上是否真的有「海底人」，還需要科學家們進一步去證實。

不為人知的人類角落

尼斯湖水怪之謎

你看過《尼斯湖水怪》嗎？你見過真正的尼斯湖水怪嗎？

    2007年，美國上映了一部驚險大片《尼斯湖水怪》，描述了這樣一個故事：在第二次世界大戰期間，一個名叫安格斯‧麥克莫洛的孤獨蘇格蘭小男孩和媽媽安妮、姐姐克絲蒂生活在一起。他每天都在默默地祈禱，希望他那奔赴戰場的父親能夠早日回家。然而，安格斯在海灘上發現一個神祕且充滿了魔法的魔蛋。它很快孵化出一隻暴躁難以控制的奇怪爬行類生物，長相介於馬、海龜和海豹之間，安格斯稱它為「克魯奧斯」。克魯奧斯性格雖然焦躁，卻極聽安格斯的話。為了不讓媽媽和姐姐發現自己帶回了一個怪物，安格斯將克魯奧斯藏在了自家的浴缸裡。

    媽媽找回來幫著家裡打零工的路易斯對安格斯說，克魯奧斯很可能就是傳說中的尼斯湖水怪，一種只存在於凱爾特人的神話中的獨特海洋生物。而且，克魯奧斯的成長速度是非常驚人的，它的身材已經快變成恐龍大小了，

聳人聽聞的
離奇巧合事件

安格斯的家裡再也藏不住它了，他不得不將克魯奧斯從它藏身的地方趕進湖裡，希望它能由此游向海洋，奔向自由。然而，就在位於海口的地帶，卻是由好戰的軍隊把守著的，他們留意著水面上一切可疑的波紋。那麼，像克魯奧斯這麼大隻的生物，又要如何在這些人的眼皮底下逃生呢？為了保護好友，也為了將傳奇繼續下去，等待安格斯的將會是什麼呢？

尼斯湖位於英國蘇格蘭高原北部的大峽谷中，湖長39公里，寬2.4公里。面積並不大，卻很深。平均深度達200米，最深處達293米。該湖終年不凍，兩岸陡峭，樹林茂密。湖北端有河流與北海相通。尼斯湖水怪，是地球上最神祕也最吸引人的謎之一。

關於水怪的最早記載可追溯到西元565年，愛爾蘭傳教士聖哥倫伯和他的僕人在湖中游泳，水怪突然向僕人襲來，多虧教士及時相救，僕人才游回岸上，保住性命。自此以後，十多個世紀裡，有關水怪出現的消息多達一萬多宗。但當時的人們對此並不相信，認為這不過是古代的傳說或無稽之談。

直到1934年4月，倫敦醫生威爾遜途經尼斯湖，正好發現水怪在湖中游動。威爾遜連忙用相機拍下了水怪的照

片，照片雖不十分清晰，但還是明確地顯出了水怪的特徵：長長的脖子和扁小的頭部，看上去完全不像任何一種的水生動物，而很像是七千多萬年前滅絕的巨大爬行動物蛇頸龍。

蛇頸龍，是生活在一億多年前到七千多萬年前的一種巨大的水生爬行動物，也是恐龍的遠親。它有一個細長的脖子、橢圓形的身體和長長的尾巴，嘴裡長著利齒，以魚類為食，是中生代海上的霸王。

如果尼斯湖水怪真是蛇頸龍的話，那它無疑是極為珍貴的殘存下來的史前動物，這一發現也將在動物學上佔有重要地位。

因此這張照片刊出後，很快就引起了舉世轟動，伴隨著20世紀的「恐龍熱」，人們開始把水怪與蛇頸龍可能仍然生存著聯繫起來，對此給予極大關注。

1960年4月3日，英國航空工程師丁斯德在尼斯湖拍了五十多英尺的影片，影片雖較粗糙，但放映時仍可明顯地看到一個黑色長頸的巨型生物遊過尼斯湖。

有些原來對此持否定態度的科學家，看了影片後改變了看法。皇家空軍聯合空中偵察情報中心分析了丁斯德的影片，結論是「那東西大概是生物」。

進入20世紀70年代，科學家們開始借助先進的儀器設備，大舉搜索水怪。1972年8月，美國波士頓應用一些利用水下攝影機和聲吶儀，在尼斯湖中拍下了一些照片，其中一幅顯示有一個兩米長的菱形鰭狀肢附在一巨大的生物體上。同時，聲吶儀也尋得了巨大物體在湖中移動的情況。

1975年6月，該院再派考察隊到尼斯湖，拍下了更多的照片。其中有兩幅特別令人感興趣：一幅顯示有一個長著長脖子的巨大身軀，還可以顯示該物體的兩個粗短的鰭狀肢。從照片上估計，該生物長6.5米，其中頭額長2.7米，確實像一隻蛇頸龍。另一幅照片拍到了水怪的頭部，經過電腦放大，可以看到水怪頭上短短的觸角和張大的嘴。最後的結論是「尼斯湖中確有一種大型的未知水生動物」。

1972年和1975年的發現曾轟動一時，使人感到揭開水怪之謎或者說捕獲活的蛇頸龍已迫在眉睫了。此後英、美聯合組織了大型考察隊，派24艘考察船排成一字長蛇陣，在尼斯湖上拉網式地駛過，企圖將水怪一舉捕獲。但遺憾的是，除了又錄下一些聲吶資料之外，一無所獲。

由於追捕水怪的失敗，持否定的觀點又流行起來。

一位退休的電子工程師在英國《新科學家》雜誌上撰文稱：尼斯湖水怪並不是動物，而是古代的松樹。他說，一萬多年前，尼斯湖附近長著許多松樹，冰期結束時「湖水上漲，許多松樹沉入湖底。由於水的壓力，使樹幹內的樹脂排到表面，而由此產生的氣體排不出來。於是，這些松樹有時就會浮上水面，但在水面上釋放出一些氣體後又會沉入水底。這在遠處的人看來，就像是水怪的頭頸和身體」。

但這種觀點無法使那些聲稱親眼目睹了水怪的人們信服，而且在20世紀70年代後期，又有人幾次拍下了水怪的照片。

那麼，為什麼人們至今還未能捕獲水怪呢？

這要從尼斯湖特殊的地質構造談起。原來尼斯湖水中含有大量泥炭，這使湖水非常混濁，水中能見底不足三四尺。而且湖底地形複雜，到處是曲折如迷宮般的深谷溝壑。即使是體形巨大的水生動物也很容易靜靜地其間，避過電子儀器的偵察。湖中魚類繁多，水怪不必外出覓食，而該湖又與海相通，水怪出入方便，因此想要捕獲水怪，談何容易。

但只要沒有真正找到水怪，這個謎就沒有揭開。直

到現在，人們對於水怪是否存在的不休，誰也不能妄下結論。對此，英國作家齊斯特說道：「許多嫌疑犯的犯罪證據，比尼斯湖水怪存在的證據還少，也就絞死了。」

巨人真的存在嗎

每個民族都創造了有關巨人的傳說，在考古中也會找到巨人的遺跡，他們真的存在過嗎？

　　那些相信歷史上有過巨人的人，其中還有不少是治學嚴謹的科學家，如著名的瑞典自然科學家、植物界和動物界分類法的始祖卡爾‧林耐，竟然算出，亞當身高40米，夏娃身高35米。

　　巨人說的一個論據是一些不可思議的龐大建築物，而其中最令人叫絕的是黎巴嫩位於首都貝魯特約100公里的巴勒貝克神廟。考古學家在它的地基中發現了一些大小為21米x5米x4米、重達好幾千噸的大石板，一塊塊石板還拼得嚴絲合縫，中間幾乎都插不進一根針。如果不是一些巨人建築工，還有誰能把這些石塊壘起來呢？

　　很可能像埃及和墨西哥的金字塔、英國的巨石陣和復活節島上的巨人石像，都是一些巨人建造起來的。

　　巨人們閒暇時間還玩石球，這些球是一些胡亂扔在中美洲哥斯大黎加原始森林中的大石球，有的重達16噸，

直徑有2.5米。

著名的希臘史詩《奧德賽》中，也寫到希臘英雄俄底修斯在海島上遇到獨眼巨人的情節。

18世紀以來，隨著近代人類學的研究，有關巨人的神話色彩逐漸消退。但仍有某些發現巨人遺跡的消息，引起人們的關注。

美國內華達州垂發鎮西南35公里處，有一個叫做垂發洞的山洞。據在這裡生活的源龍特族印第安人的傳說，很久以前，他們曾受到一些紅髮巨人的威脅。這些巨人十分兇悍。他們戰鬥了多年，才把巨人趕走。這些傳說一開始並沒有引起人們注意。但1911年，一些礦工來到垂發洞挖掘鳥糞之後，竟發現了一具巨大的木乃伊，身高達2.2米，頭髮紅色。

這個發現使人們想起了印第安人的傳說，也引起了學者們的興趣。1912年，加州伯克利大學和內華達州歷史學會派人前往山洞調查。但山洞已受到開礦的破壞，勞德只找到幾件印第安人的遺物。又發現了更多的大型人類骸骨，垂發鎮的採礦工程師李德和其他人員測量了挖掘出的一些股骨長度，推斷股骨所屬的那些人，身高可達2～3米。在這裡也發現了一些紅髮。不過有人指出，屍體的黑

不為人知的人類角落

髮從黑暗處移到陽光下後，往往會變得發紅。

　　不知垂發洞木乃伊的頭髮是否發生過這種變化，一些骸骨被內華達州的亨波特博物館收藏，直到現在還在那裡。

　　在馬來西亞的沙撈越一帶，也流傳著巨人的傳說，20世紀初，有人在沙撈越的密林中發現了一些巨大的木棒，這些木棒長達2.5～9米，據說是巨人使用的工具。

　　在人類漫長的發展史上，是否有巨人存在過？如果說沒有，那麼在垂發洞發現的巨大骨骸是怎麼回事？如果有，後來他們又到哪兒去了呢？

米納羅人 之謎

喜馬拉雅山歷來是奇蹟的代名詞，這裡至今仍生活著原始部落。

在喜馬拉雅山南部喀什米爾的贊斯卡谷地，至今仍生息著一個與世隔絕的土著民族米納羅人的部落。由於當地山高谷深，交通極其不便，幾乎與世隔絕，至今這個部落依舊保持著原始社會的形態。

生活在喜馬拉雅山南部的這些米納羅人，屬於印歐人種，具有非常明顯的印歐人種的特徵：高鼻藍眼。眼睛除了藍色外，還有黃、棕、綠色，就是沒有大多數亞洲民族的那種黑色。米納羅人沒有文字，他們的語言可以分辨記錄下來的約有600個單字，明顯屬於印歐語系。和大多數土著部落一樣，米納羅人的主要生產活動是狩獵，獵物是他們賴以生存的主要食物。狩獵用的弓是用羚羊角剖成條後做成的，和兩千年前歐洲斯基泰人的弓幾乎一樣。米納羅人也會種葡萄，而且能用葡萄釀出一種味道不錯的酒。

不為人知的人類角落

米納羅人尚處於母系社會，實行一妻多夫制。妻子在家中享有絕對的權威，與其他母系社會不同的是，米納羅家庭裡的丈夫多數是兄弟。一妻多夫的婚姻制度並未造成米納羅部落性別的不平衡，原因大概是這個部落中婦女人數較少，而且由於衛生條件太差，婦女在分娩時的死亡率很高。米納羅人的住房是平頂的，夏天他們喜歡露宿在屋頂，冬天則住在地窖裡，全家人和牲畜同處一室，這是典型的原始社會的居住方式。

　　在米納羅部落，現今還保留著十分古老的習俗，這些習俗多與歐洲民族新石器時代的習俗十分相似。例如，他們喜歡在石頭上作畫，其風格同歐洲幾個著名石器時代的洞穴中岩畫十分相近；他們也像歐洲的史前居民一樣，在山頂上建起用於判斷季節的石桌、石棚，在山崖下建起祭神用的石桌、石棚；他們的墓葬也保持著歐洲原始時代的樣式，土葬的屍體成蜷縮狀，雙臂彎曲，兩手托腮。

　　米納羅人是印歐語系諸民族中唯一處於原始生活狀況的一支。他們對於自己民族的歷史有著驚人的記憶。對於祖輩的歷史，他們說起來栩栩如生，彷彿就發生在昨天。這大概是依靠整個部落的集體記憶而保存下來的。

　　至今人們還無法確知米納羅人究竟是怎樣從歐洲來

到亞洲喜馬拉雅山南部的。有的人認為，他們就是歷史上著名的下落不明的以色列部落。有的則認為，他們是亞歷山大大帝遠征時留駐的希臘軍團的後裔。這後一種說法是很有意思的。因為根據希臘史書記載，當亞歷山大大帝率軍到達這一帶時，便已發現有白種人居住。當時的傳說認為，他們是酒神狄俄尼索斯的後裔。看來，要解開這個謎，還有待於進一步的探索。

不為人知的人類角落

卵生人之謎

所有的人都知道人是胎生動物，但卻有人見過從卵中出生的嬰兒。

　　人類是胎生哺乳動物，這點早在地球有人類以來便已確定。然而，在兩千多年前的佛教經典中，卻有這樣的記載：《涅槃經》云：「凡夫眾生有四種生處，卵、濕、胎、化是也。此四生處人亦具足，如比丘香薩拉、比丘俄巴西巴拉等人就乃卵生；施主呢嘎拉之母親、施主呢嘎德之母親、施主潘夏樂之母親等人，各個均育有五百兒子，此五百子皆從蛋中破殼而出。諸位母親先各自產下一蛋，不久，眾兒子即紛紛從蛋中孵化而出。由此可見，人中亦有卵生者。」而《俱舍論》中也曾說過：「於彼卵生等，眾生有四生，人及旁生同。」中國的《山海經・大荒南經》也說：「有卵之國，其民皆生卵。」

　　在今天看來，卵生是非常不可思議的事，也可能是不會發生的事。然而，據報導，一隊探險家在印尼婆羅洲的原始森林找到一個被遺忘的史前人類部落，並發現這個

聾人聽聞的
離奇巧合事件

部落的嬰孩全部是由卵生孵化出來的。這一發現可能令人類進化史改寫。

探險隊領隊、西德人類學家勞‧沃費茲博士和其他10名探險隊員，為了研究原始部落生活，深入印尼婆羅洲的熱帶雨林。當他們來到一處山脊，正要步入下面的山谷時，忽然頭上的大樹間傳來一陣尖叫聲。只見樹枝上一些全身赤裸的怪人蹲在一個個用樹葉青草砌搭成的巢穴內，目不轉睛地望著他們，並不時興奮地像鳥雀般唧唧喳喳叫個不停。過了一會兒，約有二十多個怪人從樹上下來，慢慢地向探險隊員們走來。

這些怪人大約只有4英尺高，看來十分原始，樣子雖然像人形，但卻有著雀鳥個性，它們只有一顆大牙，就像象牙一樣，從口中凸出來，它們來到探險隊員的面前，既不害怕，也沒有顯示出敵意，還不時用它們那鷹爪似的手拿出一些大蚯蚓來，請探險隊員們吃。

這夥原始人將探險隊帶到樹上他們的住處——一個建築在幾棵大樹上的巨大平臺。探險隊員爬上平臺，立即看到一幕驚人的情景：大約三十多個女「鳥人」正各自坐在一枚白色的大蛋上進行孵化。在其中一個角落，一個嬰兒用長牙將蛋殼弄開，破卵而出了。

51

探險隊經過一段時間觀察，明白了女土人整個生育過程。原來女土人懷孕6個月後，便會生下一枚大蛋來，再接著進行3個月孵化，直至嬰兒出生，9個月的孕育過程才告完成。這時，做母親的就和常人一般，用母乳哺育嬰兒。

　　探險隊離去的時候，那些卵生的「鳥人」送給他們很多蚯蚓，還發出鳥鳴的聲音歡送他們。

神祕的巴斯克人

巴斯克民族歷史悠久，在現代社會仍保留著原始的生存狀態。

巴斯克人主要分佈在西班牙比利牛斯山脈西段和比斯開灣南岸，其餘分佈在法國及拉丁美洲各國。巴斯克民族的祖先可能是歐洲遠古時代的居民。

巴斯克民族語言的由來到目前仍然是個謎，有些人認為它們可能來自於高加索、或是非洲北部，也有人認為它們本來就在伊比利亞半島。現代巴斯克語使用拉丁字母書寫，但根據考古出土的文物，卻可找到羅馬化之前使用伊比利字母銘刻在器皿上的巴斯克語，而在那瓦勒則有中世紀使用阿拉伯字母書寫巴斯克語的紀錄。專家們至今仍不清楚他們究竟起源於哪裡，而巴斯克語又屬於什麼語系。

巴斯克民族形成的歷史，與伊比利亞半島其他民族顯著不同。他們在半島遭受克爾特人、羅馬人、日爾曼人和阿拉伯人入侵及其統治期間，除間接受其文化影響外，

在血統和語言方面一直保持自己的特點。即使在600多年羅馬化的洪流中，也未受到衝擊。這可能與他們偏處一隅的山地環境有關。

在不可逾越的山巒與叢林中，巴斯克民族孤立地存在了數百年。8到10世紀，阿拉伯人曾經入侵過巴斯克民族，但遭到巴斯克民族頑強的抵抗而未能成功。在13世紀，西班牙的巴斯克人與卡斯蒂利亞王國聯合後，長期擁有自己的特殊權利。然而1876年後，巴斯克人的特權被取消。巴斯克人民族意識強烈，他們爲「恢復古代法規」和爭取平等權利進行了不懈的鬥爭，一直到1978年，他們才根據新憲法獲得自治權。

雖然巴斯克人生活在西班牙北部的偏僻角落，但仍以神祕的角色不聲不響地牽引著人類的目光。在那裡，土生土長的巴斯克人依然保持著最古老的生活方式。

傳統上巴斯克人在河流通過之低地進行耕作，主要種植果樹和飼養乳牛。由於農舍分散，每家每戶自成一體，長久定居。過去由傳統繼承法律保證財產全部傳給一名嗣子或一名嗣女，所以說，巴斯克傳統文化是圍繞這類自成一體的「農家田舍」而成的，由於其孤立狀態而使親族意識強烈。

巴斯克人生活的地方非常美麗，茂密的樹林和如茵的牧場，悠長的山谷和湍急的溪流，如同山水畫大師勾勒出的仙境。早在上個世紀初的時候，就有人見證它的美景。這個人是康有為。據說他還曾賦詩：亭亭旗蓋出，森森金斧批。澗流瀉絕底，渾灝黃河窄。濃姿若美人，容華倚天末。不知衡岱色，頗覺台盧索。

不為人知的人類角落

菲律賓矮小黑人

菲律賓矮小黑人或許來自中國，他們正漸漸步入現代社會。

在菲律賓，有一個獨特的民族，由於這個民族的人身材矮小，膚色棕黑，所以人們稱他們為「矮小黑人」2萬年前，中國內地南部沿海一帶的居民為了躲避其他部族而不斷南遷，其中一部分遷移到菲律賓群島，成為這裡最早的居民，他們就是小黑人的祖先。

在菲律賓的不同的地方，人們對小黑人的稱呼不同。呂宋島北部，他們被稱為阿格他，呂宋島中部他們被稱為阿依他，這裡的矮小黑人擅長木雕和藤蔓編織工藝；在中部的米沙鄢地區，小黑人能歌善舞，擅長捕魚，被稱為阿提；南部棉蘭老島的矮小黑人被稱為馬馬努瓦，以製作精巧絕倫的刺繡和串珠聞名。現在，矮小黑人只有不到3.3萬人，占菲律賓人口0.05%。他們結群居住在北部呂宋島、南部棉蘭老島和西部的巴拉望，從事漁獵活動。

矮小黑人一般都膚色棕黑，頭髮捲曲，面龐稍寬，

鼻樑短而癟，嘴唇略厚。男子一般身高不足1.5米，女子則在1.4米以下，體毛少，只有少數年長的男子留有鬍鬚。

矮小黑人盛行紋身，無論男女從十二三歲就開始在兩臂、胸和背部用貝殼刺圖案，年齡越大，身上的紋身圖案越豐富。矮小黑人的祖先相信巫術，害怕鬼魂，他們將特定的符咒紋在身體的不同部位，如紋在手臂上的圖案可以增加氣力，紋在背上的圖案可以抵禦敵人或猛獸從背後襲擊，紋在臉部的圖案可以驅趕邪惡的鬼魂。

矮小黑人衣著簡單，男人只在下身繫一條兜襠布，女人只穿一條短裙，上身赤裸。他們用貝殼做耳飾，將植物的種子串成項鍊和手鏈，用藤蔓做項圈，將木頭或動物的骨骼雕成掛件、手鐲和腳環等。矮小黑人相信萬物有靈，如果能夠將眾多的物種「穿」在身上，就有更多的神靈庇佑自己。

在婚姻制度上，矮小黑人實行自由戀愛和一夫一妻制。男子求婚時必須親自拉弓，將箭射入女方安放在遠處的竹筒內，否則表示男方沒有能力養活妻子，不能贏得佳人芳心。這就是所謂的「一箭定終身」。

早先，馬來人居住在靠近沿海的平坦地區，生活在

不為人知的人類角落

米沙鄢地區的矮小黑人──阿提人以耕種為生。馬來人因土地爭端常與阿提人發生衝突。1210年，菲律賓群島中部暴雨不斷，引發山洪，阿提人的莊稼顆粒無收，於是酋長帶領手下到沿海平地討要食物。馬來人熱情地招待了他們並給了他們糧食。為了感謝馬來人的救命之恩，阿提人酋長遂以一頂金帽子和一個金盆為代價，將沿海的一些土地出售給馬來人。阿提人還為馬來人表演了精彩的山地舞蹈。為表示友好，馬來人用鍋底油灰塗抹臉部和四肢，扮裝成阿提人加入舞蹈者的行列。

從此，每年雨季結束，收穫開始的時候，阿提人總要成群結夥地下山，象徵性地從馬來人那裡索要食物，並穿著馬來人部落的傳統服裝跳舞表示感謝。於是，「假裝阿提人」的風俗流傳了下來，人們將每年1月的第三個星期定為阿提‧阿提汗節，也就是「假裝阿提人」節。這個節日現在已成為菲律賓的一個重要節日。

現在，矮小黑人的傳統文化和風俗處於「瀕危」境地。隨著與外界交往的深入，矮小黑人的傳統風俗逐漸被丟棄。生活在呂宋島北部的矮小黑人──阿格他人，上世紀60年代初尚有600人，到了90年代末，僅剩下220多人。許多年輕女子嫁到山外，外面的女子不願到山裡過近於原

始的生活。

　　專家呼籲一定要保留矮小黑人的傳統文化和風俗，在引導矮小黑人接受現代文明、改善生活狀況的同時，一定要鼓勵他們保留自己的風俗習慣。

不為人知的人類角落

狼人之謎

「狼人」並不是怪獸，他們也是人，只是由於基因變異造成的多毛症。

　　古世紀歐洲大陸爆發瘟疫，人們紛紛死去，村落裡一個名字叫做科維努斯的年輕人看到這樣的慘狀，爲了生存下去擺脫瘟疫的困擾，自己經過研究生命的起源得到啓示，後來只有他一個人活了下來。科維努斯的後代一共有3位，不幸的是一位被染過病毒的蝙蝠咬傷，另一個被染了病毒的狼咬傷，只有一位是完整的作爲人的形態活了下來。由於染上病毒產生變異，一位成爲吸血鬼的始祖，另一位成爲狼人的始祖。從此狼人和吸血鬼便在歐洲流傳開來。

　　據報導，23歲的墨西哥男子丹尼·拉莫斯·戈梅茲出生後全身都被濃厚的黑色毛髮覆蓋，看起來就像傳說中的恐怖「狼人」。他和26歲的哥哥拉里從小便被當成「怪物」，被關進籠子中四處展出。

　　在民間，狼人是一個熱門的話題。傳說這種怪物平

時從外表看與常人並無不同，但一到月圓之夜就會變身爲狼。目前，在全球範圍記憶體在近百例「狼人」，他們全身96%以上面積覆蓋著濃密的毛髮，看上去非常像傳說中的「狼人」。

其實我們所看到的狼人並不是怪物，實際上他們患有一種罕見的病症——先天全身多毛症，也叫「狼人綜合症」，和月亮以及狼沒有任何聯繫，而是與基因有關。

先天性全身多毛症是一種極其罕見的先天性疾病，這種疾病會導致毛囊超時工作。在最嚴重的先天性全身多毛症患者身上，除了手心和腳底之外，全身其他任何地方都會長滿稠密的體毛。而導致這種疾病出現的原因是可能是基因突變，也可能是潛伏在人體內的一種非常古老基因的「甦醒」，從而導致人退化到人類多毛時代。在一些罕見的例子中，有的人會長出多個乳頭，還有人脊柱末端會長出類似尾巴的突體。

多毛症有幾種不同的類型，先天性多毛症患者身上的體毛沒有顏色，精細鬆軟，生長稠密，會伴隨人一生。痣樣多毛症患者身上的某個斑點或某個地方會長出過多的稠密體毛，而正常體毛則會圍繞在斑點周圍。後天性多毛症是在人出生後才出現的，這不同於出生前就會出現的其

不為人知的人類角落

他類型的那些多毛症。

　　據記載，法國國王亨利二世的宮廷中就曾出現過這樣的狼人。1547年，一個看起來好像半人半獸的10歲男童被當作禮物送給了亨利國王。除了嘴唇和眼睛外，男孩全身覆蓋著長達4英尺厚的金黃色體毛。這個男孩的名字叫佩德羅·岡薩雷斯，出生在加那利群島。後來，佩德羅娶了一位可愛的法國婦女，並成了很多孩子的父親，其中他的5個孩子也都繼承了他的先天性基因缺陷。曾有很多油畫都把繪畫主題放在了這個奇異的家庭上，直到現在仍然還有一些油畫懸掛在奧地利茵斯布魯克附近的阿姆布拉斯城堡中。

　　從那以後，在中國、波蘭、德國、俄羅斯和墨西哥境內都發現過這種狼人。目前全世界只能找到19名還健在的多毛症患者。這種疾病可能比較輕，也可能比較嚴重，儘管嚴重的多毛症非常罕見。

　　科學家研究發現，先天性全身多毛症的根源在於DNA染色體變異，患者體內17號染色體出現嚴重的變異，缺失了140萬個DNA鹼基對。先天性全身多毛症極其罕見，從中世紀以來僅有50個有關這種病例的記載，人類患多毛症的機率爲10億分之一。

奇特的莫奇人之謎

莫奇民族是一個神祕的民族，我們只能從出土的文物中尋找他們的輝煌了。

昌昌古城是南美古代契穆王國都城遺址，位於祕魯西北部太平洋沿岸拉利伯塔德省特魯希略城西北4公里的沙漠地區，14世紀之前最為繁榮。古城完全由土磚建造而成，為世界最大的土城遺址，也是南美建築中的傑作。

昌昌，契穆語為「太陽、太陽」。早在印加帝國建立之前，昌昌古城就已經非常繁榮。然而由於時間的流逝，今天我們所見到的昌昌古城早已變得既面目全非又神祕莫測。早在哥倫布1493年到達美洲時，昌昌就早已被廢棄。歐洲人來到這裡時，也只是從印加人那裡得到了一些有關這座古城的傳說。

透過對昌昌古城的發掘，人們逐漸發現了它原來的壯觀與繁榮，昌昌古城和它的建造者契穆人引起了世界考古學家們的強烈興趣，又使他們感到困惑。而1987年在昌昌古城以東不遠沿海地區所發現的金字塔，更是震驚了世

不為人知的人類角落

人。

　　這些金字塔全部用泥磚砌成，時代非常古老。其中最大的一座名為太陽金字塔，高度為40多米，遠遠望去就像一座巨大的土山。在太陽金字塔附近，還有一座略小的金字塔。

　　令考古學家驚訝的是，這兩座金字塔的建造年代大約是西元200年～西元600年間。也就是說，它們比契穆王國的年代更早。那麼，這兩座金字塔是什麼人建造的呢？

　　經過長時期的考察和研究，考古學家們終於發現，他們的建造者是一個名為「莫奇」的南美古代民族。據研究，莫奇人興起於西元前200年，繁榮於西元1世紀至8世紀的祕魯北部沿海地區。他們曾沿著祕魯海岸建造了一個綿延350公里長的國度。

　　透過考古研究，人們知道，莫奇是一個等級鮮明的社會，由不同階層的統治者、武士、手工藝人和農民組成，由國王統治。在他們的墓室裡，人們發現過金光燦燦的王冠、王杖、精緻的項鍊和精美的陶器。

　　莫奇人雖然沒有成型的文字，但卻以特殊的方式留下了他們的資訊，這就是他們的陶器。莫奇人用陶器創造了他們的歷史，陶器製作之精美，讓後世的考古學家們歎

為觀止，他們遺留下來的陶器也讓我們認識了這個神祕的民族。

莫奇人生活的地方，原是世界上最乾燥的地區，然而莫奇人將水引入乾旱的土地，建立了良好的農業灌溉系統。這不能不說是一個奇蹟。

但是這個創造過輝煌文化的古老民族，在大約西元8世紀以後便漸趨衰落，最終湮沒於荒野之中。是什麼原因造成莫奇文化的終止呢？

有人認為自然災害是最重要的原因，自西元6世紀以來，這裡遭受了長期的乾旱。後來又有過地震、洪水和沙塵暴，使這裡原本肥沃的土地變得無法生存。也有人認為是來自安第斯山區的部落群體，可能是瓦里人，從東部入侵，最終毀滅了這個祕魯沿海的古文化中心。但瓦里人卻沒有在沿海地區留下痕跡，因此這種說法也有些勉強。

不論是什麼原因，莫奇人的消失都是人類文明的損失，他們沒有留下文字，又在現代文明接觸他們之前已經銷聲匿跡，莫奇人的文明已經無法還原了。

聳人聽聞的

Odd Coincidences
Are Those Real?

離奇巧合事件

神奇的

生物世界

天地開闢以來，地球上究竟存在多少物種，
又有多少滅絕了？
恐龍、猛獁象，再龐大的物種，
在天地之間又都是多麼渺小，總有消亡的一天。

二疊紀生物的毀滅

二疊紀末期是一個毀滅的時代，地球上許多生物因此滅絕。

　　直到大約2億年以前，地球上還沒有一塊被大洋分割的獨立大陸，而只是一個連成一體的巨大陸塊，地質學家們稱之為「聯合古陸」。在這片遼闊的大地上，到處都是各式各樣的植物和動物。當時恐龍還未出現，主要的陸上動物是爬行類。最常見的植物是松柏類和蕨類。地質學家們稱這個時期為二疊紀。二疊紀是古生代的最後一個紀，也是重要的成煤期。二疊紀開始於距今約2.95億年，延至2.5億年，共經歷了4500萬年。

　　到二疊紀末，一場巨大的災難突然降臨地球。沒有人確切地知道那時究竟發生了什麼，但估計地球上有96%的物種滅絕，其中90%的海洋生物和70%的陸地脊椎動物滅絕。這次大滅絕使得佔領海洋近3億年的主要生物從此衰敗並消失，讓位於新生物種類，生態系統也獲得了一次最徹底的更新，為恐龍類等爬行類動物的進化鋪平了道

路。科學界普遍認爲，這一大滅絕是地球歷史從古生代向中生代轉折的里程碑。

有的專家認爲可能是火山爆發造成了這一災難。地質研究證據顯示，二疊紀末發生過大規模火山爆發，這更是證明了當時地球表面是有多個火山進行大規模的爆發。短期來說，火山爆發所釋放的大量有毒氣體會造成生物滅絕，而長期來說，二氧化碳類的氣體則會使氣候發生大變化，溫度上升，造成全球性的致命後果。但經過計算，如此大規模的火山爆發會使地球溫度上升5℃左右，的確會毀滅很多生物，但沒有足夠能力毀滅70%的陸生物種和95%的海洋物種。

有些科學家認爲，隕石或小行星撞擊地球導致了二疊紀末期的生物大滅絕。如果這種撞擊達到一定程度，便會在全球產生一股毀滅性的衝擊波，引起氣候的改變和生物的死亡。但是由於科學家至今仍沒有找到二疊紀末期遭到隕石撞擊的任何遺跡，因此這個猜想很難成立。

但大多數生物科學家認爲這次大滅絕是由氣候突變、沙漠範圍擴大、火山爆發等一系列原因造成。科學家認爲，在二疊紀曾經發生海平面下降和大陸漂移，這造成了最嚴重的物種大滅絕。那時，所有的大陸聚集成了一個

神奇的生物世界

聯合的古陸，富饒的海岸線急劇減少，大陸架也縮小了，生態系統受到了嚴重的破壞，很多物種的滅絕是因為失去了生存空間。更嚴重的是，當淺層的大陸架暴露出來後，原先埋藏在海底的有機質被氧化，這個過程消耗了氧氣，釋放了二氧化碳。大氣中氧的含量減少這對生活在陸地上的動物非常不利。隨著氣溫升高，海平面上升，又使許多陸地生物遭到滅頂之災，海洋裡也成了缺氧地帶。地層中大量沉積的富含有機質的葉岩是這場災難的證明。

經歷過這場大災難，節肢動物的三葉蟲只剩下少數代表，腹足類和雙殼類有了新的發展。二疊紀末，四射珊瑚、橫板珊瑚、筵類、三葉蟲全都絕滅；腕足類大大減少，僅存少數類別。繁盛於古生代早期的三葉蟲、四射珊瑚、橫板珊瑚、蜓類有孔蟲以及海百合等全部絕滅，腕足動物、菊石、棘皮動物、苔蘚蟲等也遭受嚴重的打擊。

在二疊紀，生物如此大規模地滅絕，可能為恐龍的進化鋪平了道路。第一批恐龍出現在2億～1.35億年前，它們利用地球上適宜的條件，昌盛了1億多年。

大腳怪的蹤跡

喜馬拉雅山的雪人蹤跡還沒有找到，美洲傳來了「大腳怪」的消息。

　　在美國加利福尼亞州西北部的太平洋沿岸、俄勒岡州和華盛頓州，以及加拿大的山區密林之中，數世紀來一直流傳著有一種巨足的大型似人動物在活動的傳聞。居住在英屬哥倫比亞的印第安人把這種奇異的動物稱為「沙斯誇支」，意即「林中野人」。

　　1811年，探險家大衛‧湯普遜從加拿大的傑斯普鎮橫洛磯山脈前往美國的哥倫比亞河河口，途中看到一串人形的巨大腳印，每個長30釐米，寬18釐米。由於湯普遜沒有見到這種動物，只看到大得驚人的腳印。他報導了這一消息後，人們就用「大腳怪」來稱呼這種怪獸。從此以後，關於發現大腳怪或其腳印的消息絡繹不絕，至少有750人自稱他們見到了大腳怪，還有更多的人見到了巨大的腳印。雖然不少科學家認為大腳怪是虛妄之談，但有些報導不能不引起人們的注意。

神奇的生物世界

1967年10月20日，生物學家羅傑‧派特森和他的同伴鮑勃‧吉姆林騎著馬，正在北卡羅來納州布拉夫克瑞克山谷的崇山峻嶺上艱苦跋涉，這裡曾多次發現「沙斯誇支」的足跡。

　　他們行經這條人跡罕至的峽谷，沿著崎嶇蜿蜒的羊腸小徑前進。突然，騎著的馬受到驚嚇，前蹄高高躍起，又蹦又跳，把他們倆顛翻到地上。原來，在離小路大約40米的小溪邊，蹲著一個毛茸茸的大動物，把馬嚇得大聲嘶鳴。派特森敏銳的目光掃了一眼溪邊的怪物，立刻意識到這正是他多日尋覓的怪物。他顧不上疼痛，霍地從地上爬起來，抓起隨身帶的攝影機，就向那怪物衝過去，邊跑邊搶拍起鏡頭來。那個奇異的動物發覺有人來了，迅速站起，轉身朝密林走去。

　　派特森當時是在跑動中搶拍，鏡頭上下晃動，圖像模糊。由於倉促，他拍攝時甚至沒有注意感光速度。但是，從這部歷時17秒、長達6米的彩色影片中，還是可以判斷出這是一個雌性的「沙斯誇支」。它塊頭很大，身高2.1米，體重估計有160公斤，下垂的乳房清晰可見。除去眼圈之外，全身披有一層烏黑閃亮的長毛，脖子很短，肩和背部肌肉厚實。它像人一樣擺動著雙臂直立而行。派特

森抱著攝影機跟在它後面拍片。令他大為驚詫的是，當他逼近時，這個龐然怪物似乎並不害怕，還不時地回頭看看。它實在太高大了，在它大步流星消失在密林之前，他不得不仰身搶拍下這巨怪的最後鏡頭。

當時，吉姆林忙於控制住坐騎，因為那兩匹馬尚驚魂未定。不過，吉姆林與派特森一樣，都聞到了發自「沙斯誇支」身上的那股濃烈的臭味。怪物逃匿後，他倆測量了地上留下的一連串腳印，腳印長38釐米，腳印間跨度為104～105釐米。他倆沿足印追蹤而去，直到一條小溪前，足印消失了，才繞回附近的小鎮。

從影片上顯示該動物身高二米多，肩寬近一米，黑色，用兩足屈膝行走，有一對下垂的乳房，體態和行走的姿勢也顯得比大猩猩更像人類。另一個美國人伊凡·馬克斯是個擅長風景攝影的獵人。20世紀70年代，他曾幾次拍到「大腳怪」的照片。1977年4月，他在加州的夏斯塔那附近拍到了許多「大腳怪」的珍貴鏡頭，根據馬克斯多次拍攝到的照片、影片，美國驚異視野公司製作了一部名為「大腳怪」的電影。電影映出後引起了強烈反響，許多科學家認為，「大腳怪」可能是古代巨猿的後代。

人們推測，巨猿是800萬～50萬年前生存的一種巨

形類人猿，它活著的時候身高爲2.5～3米，體重約300公斤。有些動物學家認爲，巨猿並沒有完全滅絕，北美的「大腳怪」可能就是巨猿的某種同類或變種。

　　但由於人們至今尙未捕獲「大腳怪」的實體，因此許多人對「大腳怪」是否存在仍是半信半疑。而科學家們什麼時候才能證實「大腳怪」的存在呢？

猛獁象的滅亡

猛獁象的滅絕雖然不是突然，但也有很多令人反思之處。

猛獁，在韃靼語中是「地下居住者」，曾經是世界上最大的象。它身高體壯，有粗壯的腿，腳生四趾，頭特別大，在其嘴部長出一對彎曲的大門牙。一頭成熟的猛獁，身長達5米，體高約3米，與亞洲象相近，門齒長1.5米左右，雖然身高不高，但身體肥碩，因而體重可達6~8噸。它身上披著黑色的細密長毛，皮很厚，具有極厚的脂肪層，厚度可達9釐米。從猛獁的身體結構來看，它具有極強的禦寒能力。猛獁象如其他大型動物一樣，在距今13000～11500年之間滅絕了。然而，是所有的猛獁象都滅絕了嗎？

其實有兩種猛獁象滅絕了，即分佈於歐亞大陸北方以及北美洲的長毛猛獁象，最後一支殘存的猛獁象群則在北冰洋的朗格島又存活了6000年，為了存活，它們的體形變小，和原來的猛獁象的3～3.6米的體形相比較，還不到1.8米。究竟這些體形變小的猛獁象為何又存活了一段時

神奇的生物世界

間？

氣候的突然轉變

朗格島上的猛獁象，可能是因爲島上的植物和冰河時代仍然類似而存活下來。那些植物混合著特殊的多種草本植物與香草，正好就是猛獁象主要的食糧。這些植物被稱爲「猛獁象乾草原」，一度在歐亞大陸的北方和北美隨處可見，但是在20000年前，氣候變得更暖和、更潮濕，新形態的植物就取而代之了。這些植物形態最終是因溫度和濕度增加而改變的，因此導致猛獁象的棲息地嚴重喪失，數量也急劇減少，最後完全滅絕。

關於猛獁象滅絕的「氣候轉變說」乍聽之下很有說服力，但也遭遇某些解釋上的困難。最重要的是，猛獁象在之前的許多次氣候改變下都能存活，因此若說它們在最後一次冰河時代末期無法一如往常般應變調適，似乎沒道理。況且猛獁象並非唯一絕種的動物，還有其他許多動物的棲息地迥異於猛獁象，甚至可能因溫度、濕度上升，反而讓它們的食物增加，但它們最終還是滅絕了。

人類大量捕殺

初到北美洲的人類首先渡過現已被水淹沒的白令海峽，來到了阿拉斯加，然後向南擴張至整個美洲大陸，將

大型動物屠殺殆盡。這些人建立了所謂的「克洛維斯文化」，他們的特徵在於使用大型石矛尖這種致命的狩獵工具。「克洛維斯文化」在北美大陸各地都有發現，興盛於距今13500～13350年間。古駱駝、大地獺、猛獁象從未遇到過如此強勢的掠食者，因為這些人類有致命的武器，同時也能群聚在一起合作狩獵，設陷阱和埋伏。然而，說人類濫捕濫殺造成大型動物滅絕的理論也有嚴重的問題，因為雖然發現了一些猛獁象被宰殺的考古遺跡，但卻沒有直接的證據。

也有人認為，人類帶來一種致命的瘟疫，散佈世界，大型動物遭此病襲擊。也可能是有些動物遭到獵殺，有些失去棲息地且無法適應新的氣候形態。任何一地的所有動物都是動物生態社群中的一分子，一旦一種動物滅亡了，掠食者與獵物間的平衡就會改變，可能導致一連串的族群數量劇增或銳減。

但是猛獁象究竟為什麼滅絕，人們還是各執一詞，沒有最後的答案。

神奇的生物世界

恐龍的墓葬

龐大的物種，突然之間滅絕，而且竟然葬在一起，這是誰的傑作？

在世界的一些地方，發現了大量恐龍遺骸集中埋在一處的現象，這就是「恐龍公墓」。墓中大量不同品種的恐龍在瞬間死亡，這是怎麼回事呢？

四川省自貢市是中國的「恐龍之鄉」。自貢的恐龍化石其數量之多，門類之豐富，保存之完好和埋藏之集中，在中國乃至世界同一地質時代的地層中極為罕見。簡直可以說是一個恐龍的墓葬群。

對於恐龍公墓產生的原因，科學家們進行了不斷的探索，但始終是看法不一。

1. 原地埋藏說

在1億6千萬年前的中侏羅紀，大山鋪地區河流縱橫，湖泊廣闊，氣候溫和，是恐龍生存繁衍的好場所，成群結隊的蜥腳類恐龍生活在這水草豐美的湖濱平原上。由於大批恐龍誤食了含砷量很高的植物而突然暴死，被迅速

埋藏於較平靜的低能沙質淺灘環境中，屬未搬運的原地埋藏。但是，這種說法又使人感到證據不足。因為當時大山鋪植物的砷含量的平均背景值是多少？致使恐龍暴死的砷含量又是多少？取樣是否具有代表性？如能將這些質疑闡述清楚，這一理論必定是很理想而獨特的。

2. 異地埋藏說

本區恐龍化石已發掘採集100多個個體，其中完整或較完整的僅有30多個，約占總數的1/5；如果是原地埋藏，無疑應大都是完整或較完整的個體，事實恰好相反。

綜觀化石現場，除埋藏豐富、保存完整容易被人發現的特徵外，還有一種不易被人注意的現象是，靠邊上部或地表的化石較破碎零散，大都是恐龍的肢骨經搬運後被磨蝕得支離破碎；同時，越是接近上部岩層，小化石越多，如魚鱗、各種牙齒遍及整個化石場，鳥腳龍、劍龍與蛇頸龍的椎體也十分零星，並具有從南到北由多到少的分佈規律。下部幾乎是軀體龐大的蜥腳龍，保存都不完整，很明顯是經過搬運後的結果。

礫石的發現是研究沉積環境的重要證據，也是地質工作者追索的目標。發現的礫石均位於化石層的底部，從其特徵判斷是經過搬運的產物，可能與恐龍化石群的形成

神奇的生物世界

有密切關係。

　　更多的科學家則認爲大山鋪恐龍公墓中大部分是被搬運後埋藏下來的，也有少部分爲原地埋藏的，是綜合形成的恐龍公墓。本區恐龍與其他脊椎動物爲何如此豐富？如果只有恐龍一個家族在此埋藏，兩種理論都比較容易理解，但除一般恐龍外，還有能飛行的翼龍，水中生活的蛇頸龍，迷齒兩栖類等。從它們的生活環境來看，各不相同。

　　事實證明，中侏羅紀的大山鋪是一個洪泛平原，這些古老的爬行動物也可能和現生動物一樣，對生活環境具有明顯的選擇性。恐龍中性情溫和的蜥腳龍常成群結隊生活於地形較低的湖濱平原上；劍龍喜居比湖濱稍高而常年雜草叢生的山林中；鳥腳龍以其形態輕巧靈活又善於奔跑的特點，活躍於較高的山間密林中。其他脊椎動物，如翼龍，僅能在湖岸間作低空飛行。恐龍與這些脊椎動物的生活環境和習性有著極大的區別，這些恐龍爲什麽會集中在一起呢？

　　無論多麽強大的生物，在宇宙與自然面前總是那麽渺小。當末日來臨，都是那麽束手無策。

恐龍滅絕之謎

即使是再龐大的動物，即使是地球霸主，在某種力量面前也是不堪一擊的。

　　在遙遠的中生代，地球上的霸主是盛極一時的大型爬行動物──恐龍。到了中生代末期，即距今6500多萬年前，一度成為地球主人的恐龍全部絕滅了。與此同時，地球上動植物中大約70%的物種也一起消失了。這一生物史上的大滅絕在地層化石中留下了清晰可辨的痕跡，但卻給人類留下了一個亙古未決的懸案，大自然中的何種現象使得恐龍遭受如此滅絕之災呢？

　　長期以來，最權威的觀點認為，恐龍的滅絕和6500萬年前的一顆大隕星有關。據研究，當時曾有一顆直徑7～10公里的小行星墜落在地球表面，引起一場大爆炸，把大量的塵埃拋入大氣層，形成遮天蔽日的塵霧，導致植物的光合作用暫時停止，恐龍因此而滅絕了。

　　但也有許多人對這種小行星撞擊論持懷疑態度，因為事實是：蛙類、鱷魚以及其他許多對氣溫很敏感的動物

神奇的生物世界

都頂住了白堊紀而生存下來了。這種理論無法解釋爲什麼只有恐龍死光了。迄今爲止，科學家們提出的對於恐龍滅絕原因的假想已有十幾種，比較富於刺激性和戲劇性的「隕星碰撞說」不過是其中之一而已。

除了「隕星碰撞說」以外，關於恐龍滅絕的主要觀點還有以下幾種：

1. 氣候變遷說

6500萬年前，地球氣候陡然變化，氣溫大幅下降，造成大氣含氧量下降，令恐龍無法生存。也有人認爲，恐龍是冷血動物，身上沒有毛或保暖器官，無法適應地球氣溫的下降，都被凍死了。

2. 大陸漂移說

地質學研究證明，在恐龍生存的年代地球的大陸只有唯一一塊，即「泛古陸」。由於地殼變化，這塊大陸在侏羅紀發生了較大的分裂和漂移現象，最終導致環境和氣候的變化，恐龍因此而滅絕。

3. 地磁變化說

現代生物學證明，某些生物的死亡與磁場有關。對磁場比較敏感的生物，在地球磁場發生變化的時候，都可能導致滅絕。由此推論，恐龍的滅絕可能與地球磁場的變

化有關。

4. 物種鬥爭說

恐龍年代末期，最初的小型哺乳類動物出現了，這些動物屬齧齒類食肉動物，可能以恐龍蛋為食。由於這種小型動物缺乏天敵，越來越多，最終吃光了恐龍蛋。

5. 被子植物中毒說

恐龍年代末期，地球上的裸子植物逐漸消亡，取而代之的是大量的被子植物，這些植物中含有裸子植物中所沒有的毒素，形體巨大的恐龍食量奇大，攝入被子植物導致體內毒素積累過多，終於被毒死了。

6. 酸雨說

白堊紀末期可能下過強烈的酸雨，使土壤中包括鍶在內的微量元素被溶解，恐龍透過飲水和食物直接或間接地攝入鍶，出現急性或慢性中毒，最後一批批死掉了。

以上諸種說法各執一詞，相持不下，恐龍滅絕的原因，只能有待於科學的發展和科學家作進一步的研究。

神奇的生物世界

旅鼠投海自殺之謎

許多動物為保命而自殘，但旅鼠為什麼總是選擇投海自殺呢？

　　旅鼠是一種生活在北歐寒冷地區的鼠類，它與一般田鼠差不多，尾略短，毛黑褐色，有白斑；個頭有人的手掌那麼大。愛斯基摩人稱其為來自天空的動物，而斯堪的納維亞的農民則直接稱之為「天鼠」。這種旅鼠有很強的適應能力和繁殖能力。一隻雌性鼠每年至少可以生10隻小鼠，而鼠仔6周之後性成熟，又可進入繁殖期。有人計算過，一隻母鼠一年之內能發展到3000～4000隻。

　　傳說，當旅鼠數量達到頂峰時，它們就會自發地集體遷移，奔赴大海自殺，只留下少數同類留守並擔當起傳宗接代的神聖任務。據記載，1868年春天，一艘滿載旅客的郵船曾遇到旅鼠集體自殺的情況。船上的乘客看到一群難以計數的旅鼠群在海水中游泳，前仆後繼，毫不退縮。事後，這一帶海面留下了大片大片的旅鼠浮屍。

　　大約從那個時候起，差不多每隔三四年，北歐旅鼠

就不約而同地來到海邊「集體自殺」。人們在巴倫支海和北冰洋一帶的海岸也時常看見旅鼠向海邊遷移後集體投海自殺的怪現象。

旅鼠為什麼會集體投海自殺？這是當地人始終弄不清的一個問題。數十年來，許多學者對這一自然現象進行了深入研究，試圖找到旅鼠集體投海自殺的緣由，然而，直到今天，人們對這一問題仍然沒有令人信服的解釋。

有人認為旅鼠集體跳海「自殺」，可能與它們旺盛的繁殖能力有關。旅鼠除了分佈於北歐以外，在美洲西北部，俄羅斯南部草原，直到蒙古一帶均有。在眾多的旅鼠家族中，只有北歐挪威的旅鼠有週期性的集體跳海行為。所以，人們推測，由於旅鼠繁殖力太強，使旅鼠喪失自己正常的生存空間，過多的旅鼠得不到充足的食物和居住條件，一部分旅鼠只好遷移他鄉。

在數萬年前，挪威海和北海都比現在窄得多，因此，那時候的旅鼠完全可能游過大海，到達彼岸；建立起新的生活居住區。這樣長此以往，旅鼠集體大遷移，已成為挪威旅鼠的本能；代代相傳。然而，殊不知，時過境遷，現今波羅的海和北海的海面比過去寬多了。當它們再次企圖游到對岸時，卻被無情的海水所吞沒。

神奇的生物世界

但是，人們注意到，某些時候旅鼠也向北跳入巴倫支海與北冰洋，難道多年前在冰冷的巴倫支海北面也曾經有過陸地嗎？否則旅鼠向北遷移的目的地又在哪兒呢？

　　不久前，俄羅斯科學家卻對此提出了一個可能的解釋。他們認為，在1萬多年前，地球正處在寒冷的冰期，北冰洋的洋面上結成了厚厚的一層冰，風和飛鳥分別把大量的沙土和植物的種子帶到冰面，因此，每逢夏季，這裡仍是草木青青，旅鼠完全可能在此生存。只是由於後來氣候變化，才導致原來冰塊的消失，而如今向北跳入巴倫支海的旅鼠，正是為了尋找昔日的居住地。這一解釋雖然有道理，但缺乏充足的證據，因此仍不盡如人意。

　　事實是否如此，還有待研究者們提供更充實的證據。也有一些研究者認為，這些都是一些牽強附會的解釋，旅鼠自殺就像屢有發現的鯨類自殺一樣，與一種目前尚不明了的純生物學機制有關，而與北極冰原是否存在毫無關係。

魔鬼鯊 自我爆炸之謎

魔鬼鯊寧死不屈，絕不苟延殘喘，用爆炸詮釋了自己尊嚴的可貴。

　　加布林鯊魚是兇猛的食人鯊。它長著鋒利的牙齒，攻擊性非常強，長相更是令人恐怖，因此人們給它取了個號外叫「魔鬼鯊」。但加布林鯊魚和「魔鬼鯊」很顯然的分別是英語Goblin Shark的音譯和意譯，加布林是西方民間傳說中一種相貌醜陋、喜歡惡作劇的妖怪。中文名字叫做劍吻鯊或尖吻鯊。

　　加布林鯊魚只在深海活動，兇猛異常，人們都習慣地叫它「魔鬼鯊」。它也是極為特殊的一種鯊魚。當它被圍入漁網幾經掙扎不得脫身時，會透過自身類似魚鰾的身體控制壓強變化而膨脹起來，最後自行爆炸成大大小小的碎塊，寧肯粉身碎骨也不願被人活捉，很有點寧死不屈的骨氣。通常人們所見到的加布林鯊只不過是它的碎塊而已，斷口都參差不齊，極像磚石或瓷器破碎後的樣子。它們厚厚的皮肉很少有韌性和彈性，特別是魚皮就像陶瓷製

神奇的生物世界

品一樣硬。爆炸後的加布林鯊魚片就像我們平時打碎了一件瓷器，斷口完全可以拼接在一起，分毫不差。

劍吻鯊雖然分佈廣泛，卻一度被認為非常稀有，每抓到一條都會有記載，到上個世紀末，共報導抓到了45條。劍吻鯊的數量其實要比人們想像的多得多，樣本少的原因可能是這種鯊魚一般生活在數百米深海處，不容易被捕捉到。在1995年5月到1996年10月這短短一年多的時間，用底刺網捕撈，在東京海底峽谷100～300米深處抓到了大量的劍吻鯊多達125條。

2004年4月的一天，幾位科學家在進行一次海洋考察時，意外地遇到了一大一小兩條「魔鬼鯊」。當時，他們乘坐一艘潛水艇潛入水中，慢慢接近那條小「魔鬼鯊」，並準確地用一張大網捉住了它。小「魔鬼鯊」在網中拼命掙扎，大「魔鬼鯊」則在網外奮力營救。

大「魔鬼鯊」在營救無望的情況下，忽然張開血盆大口，惡狠狠地咬向了小「魔鬼鯊」。在確定已經將小「魔鬼鯊」咬死後，大「魔鬼鯊」的身體開始膨脹，變得很肥大，那雙兇狠的小眼睛也有些向外突起，樣子非常恐怖。突然那條母鯊自殺了，把自己爆炸成了無數個碎片，散在無際的海洋裡。

聳人聽聞的
離奇巧合事件

直到現在，世界上還沒有任何一個國家捉到過一條完整的魔鬼鯊。可是，爲什麼魔鬼鯊會自行引爆呢？人們至今還沒弄明白。

神奇的生物世界

聳人聽聞的

Odd Coincidences
Are Those Real?

離奇巧合事件

讓人恐懼的

驚魂之域

地球有救人之地，必有傷人之地。

能發現救人聖泉，

又有誰知道殺人毒泉在哪裡？

「起死回生」的聖泉

靈藥包治百病，聖泉起死回生。

　　長期以來，人們一直在尋找包治百病的靈丹妙藥，卻一無所獲。然而，在法國比利牛斯山脈中有一個叫勞狄斯的小集鎮，鎮上有個岩洞，洞內有一眼清泉長年累月不停地流淌，泉水以其神奇的治病功能吸引了世界各地成千上萬的人，這就是聞名全球的神祕「聖泉」。

　　傳說1858年，一位名叫瑪莉·伯納·索畢拉斯的女孩在岩洞內玩耍，忽然，聖母瑪麗亞在她面前顯聖，告訴她洞後有一口清泉，指引她前往洗手洗臉，並且告訴她這泉水能治百病，說罷倏然不見。

　　100多年過去了，神奇的泉水經年不息。前來聖泉求醫的各地人也絡繹不絕。它的吸引力遠遠超過了穆斯林聖地麥加、天主教中心羅馬和伊斯蘭教、猶太教及基督教的發祥地耶路撒冷。據統計，每年約有430萬人去勞狄斯，其中不少人是身患疾病，甚至是病入膏肓，已被現代醫學宣判「死刑」的病人。他們不遠千里來到這兒，僅在聖泉

水池內浸泡一下，病情便能減輕，有的竟不藥而癒！

　　有個義大利青年，名叫維托利奧‧密查利，他身患一種罕見的癌症，癌細胞已經破壞了他左髖骨部位的骨頭和肌肉。經X光透視發現，他的左腿僅由一些軟組織束和骨盆相連，看不到一點骨頭成分，輾轉幾家醫院後，他的左側從腰部至腳趾被打上石膏，但被宣告無藥可醫，而且預言至多能再活一年。

　　1963年5月26日，他在其母親的陪伴下，經過16小時的艱難跋涉到達勞狄斯，第二天便去「聖泉」沐浴。

　　密查利在幾名護理員的照顧下，脫去衣服，光著身子被浸入冰冷的泉水中，但打著石膏的部位卻未浸著，只是用泉水進行沖淋。奇蹟出現了，打這以後，密查利開始有了饑餓感，而且胃口之好是數月來所未有過的。

　　從聖泉歸家後僅數星期，他突然產生從病榻上起身行走的強烈欲望，而且果真拖著那條打著石膏的左腿從屋子的一頭走到另一頭。此後幾個星期內，他繼續在屋子裡來回走動，體重也增加了。到了年底，疼痛感竟全部消失。

　　1964年2月18日，醫生們為他除去左腿上的石膏，並再次進行X光透視，片子上清晰顯示出那完全損壞的骨盆

讓人恐懼的驚魂之域

組織和骨頭竟然出人意料地再生。同年4月，他已能行動
自如，參加半日制工作，不久便在一家羊毛加工廠就業。
這一病例，現代醫學竟無法解釋。

聖泉這種「起死回生」的奧祕究竟何在呢？不知誰
能解開這個謎團。

海底「濃煙」之謎

水火本不相容，然而海底卻冒出濃煙，難道是三昧真火不成？

　　1979年3月，美國海洋學家巴勒帶領一批科學家對墨西哥西面北緯21°的太平洋進行了一次水下考察。當科學家們乘坐的深水潛艇「阿爾文」號漸漸接近海底時，透過潛艇的舷窗，他們看到了濃霧彌漫下的一根根高達六七米的粗大的煙囪般的石柱頂口噴發出滾滾濃煙。「阿爾文」號向「濃煙」靠近，並將溫度探測器伸進「濃煙」中。一看測試結果，科學家們不禁嚇了一跳，這裡的溫度竟高達近攝氏千度。

　　經過仔細觀察，他們發現「濃煙」原來是一種金屬熱液「噴泉」，當它遇到寒冷的海水時，便立刻凝結出銅、鐵、鋅等硫化物，並沉澱在「煙囪」的周圍，堆成小丘。他們還注意到，在這些溫度很高的噴口周圍，竟形成了一種特殊的生存環境，這裡就像是沙漠中的綠洲，生活著許多貝類、蠕蟲類和其他動物群落。

巴勒等人的發現，引起了科學界的極大興趣。美國密執安大學的奧溫認為，這種海底「噴泉」可能與地球氣候的變化有著密切的聯繫。

　　奧溫在研究了從東太平洋海底獲取的沉積物和岩樣以後，發現在2000萬～5000萬年前的沉積物中，鐵的含量為現在的5～10倍，鈣的含量則為現在的3倍。為什麼沉積物中鈣、鐵等的含量這樣高呢？奧溫認為，這可能與海底噴泉活動的增強有關。

　　據此，奧溫又進一步認為，當海底噴泉活動增強時，所噴出的物質與海水中的硫酸氫鈣發生反應，析出二氧化碳。已知現在的海底噴泉提供給大氣的二氧化碳占大氣中二氧化碳自然來源的14%～22%。因此，當鈣的析出量為現在的3倍時，大氣中二氧化碳的含量必將大大增加。估計大約相當於現在的1倍左右。眾所周知，二氧化碳含量的增加，將會產生明顯的溫室效應，從而使全球的氣溫普遍升高，以至極地也出現溫暖的氣候。

　　在海底「濃煙」中還隱藏著什麼祕密呢？仍然無人知曉。

墓葬之島

山不在高，有仙則名；島不在遠，有墓則驚。一個被詛咒的墓島建築，令人不寒而慄。

位於太平洋的波納佩島的東南側，有座名叫「泰蒙」的小島。「泰蒙」小島有許多延伸出去的珊瑚礁淺灘。在這長約1100米、寬約450米的珊瑚礁基上，矗立著89座大大小小的高達4米的建築物，這些建築物是用巨大玄武岩石柱縱橫交錯壘起來的。據當地人說，這島是歷代酋長的墓葬重地，因而被人稱為墓島。

墓島充滿了神祕的色彩。墓島上的建築物半浸在海水中。人們只有在海潮時才能駕小船進去；而在退潮時，那兒是一片淤泥，人們無法進去。當地人說，這是死者的意願，不讓外人侵擾亡靈的安寧。

墓島的氣候變幻莫測。陽光明媚的日子，瞬間可能傾盆大雨，其變化之快，令人百思不解。20世紀70年代，日本的海洋生物學家白井祥平曾領略了這種天氣的變化。當時，他和兩位助手在去墓島的途中，陽光普照，碧波蕩

讓人恐懼的驚魂之域

漾；在當他們正進入墓島的時候，忽然烏雲密佈，陰風四起，電閃雷鳴，大雨傾盆而下；當他們不得不撤出墓島之時，風停雨止，雲散日出。

據當地人說，這些墓島建築物有神祕的毒咒，只有酋長才知道古墓的來歷及其祕密機關。酋長年老後將這些內容口授給繼承人，受傳者不得向外人洩漏，否則將遭到詛咒。據說，日本佔領波納佩島期間，一位日本科學家威逼當時的酋長說出古墓的祕密。結果這位洩密者突遭雷擊身亡，而這位科學家在披露古墓祕密的寫作過程中也莫名其妙地死了。之後，一位繼續整理遺稿的科學家也忽然暴斃。而到墓島去掘墓盜取文物、財寶的人更是難逃厄運。

雖然科學家們不相信這是咒語的靈驗，但發生在墓島上的許多神奇的事件確實使科學家們感到費解。

此外，古墓上的建築物也讓科學家們感到不可思議。據科學家測定，古墓建築物已有800多年的歷史，整個建築物用了100萬根玄武岩石柱。這些石柱來自該島的北岸，再運到墓地。以當時有1000名壯勞力參加建築的話，整個建築過程至少需要1550年。因此，科學家認爲僅靠人力，這項工程很難完成。到底這一宏大的工程是怎樣完成的呢？這還是一個謎。

好望角的風暴

「風暴角」改成了「好望角」，名字改了，風暴卻絲毫沒有退讓。

　　好望角在非洲南非的西南端，北距開普敦48公里左右，西瀕大西洋，北連開普敦半島。在蘇伊士運河未開通之前，是歐洲通往亞洲的海上必經之地，至於特大郵輪無法進入蘇伊士運河，仍需以此道航行。

　　1486年，葡萄牙航海家迪亞士率探險隊從里斯本出發，尋找一條通往「黃金之國」，當船隊駛至大西洋和印度洋匯合處的水域時，頓時海面上狂風大作，驚濤駭浪，幾乎整個船隊遭到覆沒。最後巨浪把船隊推到一個未知名岬角上，這支艦隊倖免於難。迪亞斯將此地命名為「風暴角」。1497年11月，另一位探險家達‧伽馬率領艦隊沿著好望角成功的駛入印度洋，滿載黃金、絲綢回到葡萄牙。葡萄牙國王約翰二世將「風暴角」改為「好望角」，從此好望角成為歐洲人進入印度洋的海岸指路標。好望角海域幾乎終年大風大浪，常常有「殺人浪」出現，海浪前部猶

99

如懸崖峭壁，背部如緩緩的山坡，浪高近二十公尺，遇難海船難以計數，成為世界上最危險的航海地段。1500年，「好望角之父」迪亞斯再度行經好望角，碰到災難，葬身於此。

在連接紅海和地中海的蘇伊士運河開鑿以前，這裡是大西洋和印度洋之間航運的必經之路。即使在今天，37萬噸以上的巨輪也還是要繞道好望角！西歐和美國所需要的石油，一半以上需用超級油輪經好望角運送。好望角一帶屢出意外引起了世界的震驚。

一批又一批的科學家來到好望角附近，調查研究這裡風急浪高的原因。經過一段時間的工作，科學家將造成好望角附近海域風浪大的原因歸納成以下兩種說法。

1. 西風帶說

有些人認為，好望角附近海域風浪大是由西風造成的。好望角位於非洲大陸的西南端，它像一個箭頭突入大西洋和印度洋的匯合處。因為好望角恰恰位於西風帶上，所以當地經常刮11級以上的大風，大風激起了巨浪，經過的船隻就處在危險之中了。

「西風帶說」的理論固然有一定的道理，但它存在一個致命缺點。因為這種學說不能解釋在不刮西風的時

候，為什麼海浪還是如此之大。一年365天，並非天天刮西風，刮西風時海浪可能被風激得很高，但不刮西風時呢？海浪還是那麼大，那又該如何解釋呢？

2. 海流說

美國一位科學家提出了另一種學說——「海流說」。這位科學家分析了多起在好望角附近海域發生的海難事件。他們發現，每次發生事故時，海浪總是從西南撲向東北方，而遇難船隻的行駛方向是從東北向西南。也就是說，船行的方向正好和海浪襲來的方向相反，船是頂浪行駛的。科學家還實地調查了當地的海流情況。他發現，好望角附近水下的海流與船隻行駛的方向是相同的，換句話說，海底的海流推動船隻頂著海浪前進，幾股力量的共同作用就造成了船毀人亡的結果。

海水是流動的，很難斷定，在一年的365天中，海流的方向也保持恒定。然而，不管是什麼日子，船一到好望角附近的海面，馬上就陷入危險的境地，這又是為什麼呢？

讓人恐懼的驚魂之域

充滿**魔力**的吸引力

有一個古老的小屋,當你走進裡面時,馬上就有一股吸力
抓住你,讓你掙脫不得。

　　一提起漩渦,人們自然會想到江河湖海中的漩渦。
漩渦區域,水總是一圈一圈地圍繞著同一個圓心飛速旋
轉。在美國俄勒岡格蘭特狹口外沙甸河一帶,有這麼一個
陸上漩渦,人稱「俄勒岡漩渦」。在漩渦中心,有一個古
老的木屋,小屋歪斜得厲害,看上去比比薩斜塔還讓人擔
心。其實擔心是多餘的,無論經過多少年的風吹雨打,小
屋從未倒過。更讓人驚奇的是只要踏進小屋,就會感到有
一股「魔力」死死地把人往裡拉,想退出,心有餘而力不
足。馬比人的抵抗力還弱,只要靠近小屋外方圓50米的地
方,立刻會不知受了什麼驚嚇,拼命往回跑。那麼,「俄
勒岡漩渦」到底是怎麼回事呢?

　　在世界各地還有一些地方有類似「俄勒岡漩渦」的
現象。在烏拉圭的溫泉療養區巴列納角,也有一塊異常
區,汽車開到這裡停住,有一種奇特的力量推動著車輛繼

續前進，上坡爬行幾米才剎住，平坦路段則自動滑行幾十米。

美國猶他州有一條「重力之山」斜坡道。通過這段斜坡的公路長約500米，若驅車而下，在半途剎住車，車子竟然會慢慢後退，像一股無形的力量拽著，硬是往坡頂爬去。但嬰兒車、籃球等從坡頂放下去，總是一路滾到底，從未出現往坡頂倒爬的現象。經過無數次的實驗證明，品質越大的物體越容易往坡上爬，品質過輕就不能產生這種效應。

科學家爲了揭開它的謎底特地做了一個試驗。即把一根拴有13公斤的鋼球的鐵鍊子，吊在小屋的橫樑上，奇怪的是，鋼球根本不能垂直向下，而總是傾斜著往「漩渦」的中心搖動，好像那兒是它的家。科學家見此情況，就輕推鋼球，結果，鋼球一下子就進入了「漩渦」中心。但是，科學家們再要把鋼球拉回來，可費了好大的勁鋼球就像剛見了母親的小孩子死活不肯離開似的。

科學家認爲，「俄勒岡漩渦」的吸引力肯定是存在的。但這是一種什麼樣的吸引力呢？這種吸引力又是如何產生的呢？科學家們暫時還無法回答。

讓人恐懼的驚魂之域

地球內部的隧道

地球上並不僅僅居住著人類，在我們的腳下，還有人……

　　第二次世界大戰期間，美國陸軍上士兵希伯在和侵緬日軍戰鬥中與戰友失散被遺留在森林，有一天他無意中發現一處被巨石隱蔽的洞口。希伯冒險進入洞內，竟然發現裡面被人工光源照得亮如白晝，儼然是一處龐大的地下城市。希伯正看得發愣時，突然被抓住了，一關就是4年，後來尋機逃出。據他說，這個地下王國通向地面的隧道有7條，分別在世界其他一些地方開有祕密出入口。

　　早在1904年，美國加利福尼亞卡斯特山脈中一個叫布朗的採礦者就發現一處類似巨人住的人工地道。洞穴中有用巨大銅鎖住的巨大房舍，牆壁間有黃金鑄成的盾和從未見過的物品，牆壁上還畫著奇怪的圖畫和文學。

　　1968年1月美國TG石油公司勘探隊在土耳其西方大洞穴地下270米的地方，發現地底深邃的岩盤隧道，洞內高約4～5米，洞壁洞頂光滑明亮，顯然為人工磨成。洞內到處是蛛網似的橫洞，儼然一個令人撲朔迷離的迷宮。

無獨有偶，數年前的一個夏夜，在中國貴州安順縣龍宮附近一座山半腰的洞內，射出一束強光，光柱呈桶形，直徑足有4米，掃過500米田野，徑直射向對面山坡，照得四周村莊田野通亮，時間持續有數分鐘之久。據當地縣誌記載，清順治年間亦曾發生過這種奇景。然而，那個山洞當地人非常熟悉，洞內空無一物，那麼強光源是從何而來的呢？

　　如果真的存在這個地下王國，那麼他們為什麼不回到陽光明媚的地面來生活呢？答案似乎只有一個：這個地下王國的居民長居在地下，或已演化成嗜熱的矽生命體，已不可能再適應地面的生活。

　　有一點是肯定的，假設地下王國真的存在，那麼他們必定掌握著高於地表人的科學技術，諸如飛碟等一系列所謂之謎也就不難獲得答案了。且不說是否真的存在著一個地下王國，難道地球內部確實是空的嗎？不少地球物理專家認為，地球的現有重量是6兆噸的百萬倍，假如地球內部不是空的，它的重量應遠不止於此。

　　然而，所有的一切都還在爭論之中……

銀狐洞之謎

房山銀狐洞是大自然的傑作，洞裡的銀狐栩栩如生，為世上罕見。

1991年7月1日，距北京70公里的西南郊房山區佛子莊鄉下英水村，採煤掘進岩石巷道時，巧遇溶洞，因發現罕見的形似狐狸的大型白色方解石晶體而得名「銀狐洞」，被稱為中國北方最好的溶洞。

該洞深入地下100多米，主洞、支洞、水洞、旱洞、季節河、地下河，洞連洞，洞套洞，縱橫交錯，上下貫通。洞內既有一般洞穴常見的捲曲石、壁流石、石珍珠、石葡萄、石瀑布、石枝、石花、石盾、穴珠、鵝管等，也有一般洞穴中少見的雲盆、石鐘、大型邊槽石壩、仙田晶花、方解石晶體。令人不解的是，洞內石花數量驚人，形狀也十分奇特。洞頂、洞壁以及支洞深處的仙田裡，菊花狀、松柏枝葉形態、刺蝟樣的石花密佈。至於為什麼銀狐洞的石花這樣多，沒人能夠解釋清楚。

更奇妙的是，沿著銀狐洞狹窄的洞壁前行十多米，

來到三叉支洞的交匯處，這兒的洞頂密佈著大朵石菊花，洞底有個一米高的石台，一個長近兩米、形似雪豹頭銀狐身的大型晶體，從洞頂垂到洞底，通體如冰雪玉雕般潔白晶瑩，並且佈滿絲絨狀的毛刺，毛刺一二寸長不等，密密麻麻，潔白純淨。此種形態及顏色，此前洞穴專家亦見所未見，聞所未聞，在世界上是首次發現。

對銀狐的成因，有不同的說法。有從外部成因入手，認為是由於霧噴而後凝聚形成的；有從內部成因入手，認為絲絨狀的晶體是含有這種物質的水從內部滲透到外部而形成的。究竟孰是孰非，目前還無從知曉。

銀狐洞，一個真正的謎！

讓人恐懼的驚魂之域

崑崙山的 地獄之門

崑崙山裡地獄之門總是發生神祕失蹤事件，誰是罪魁禍首呢？

「天蒼蒼，野茫茫，風吹草低見牛羊」，在牧人眼中，草肥水足的地方是他們放牧的天堂。但在崑崙山中有一塊古老而沉寂的谷地，牧草繁茂，當地人卻寧願與牛羊一起餓死在戈壁荒灘上，也不敢進入這片谷地，這是怎麼回事呢？

原來這裡是崑崙山的地獄之門——死亡谷，谷裡到處散發著死亡的氣息：谷裡四處佈滿了狼的皮毛、熊的骨骸、獵人的鋼槍及荒丘孤墳，陰森嚇人。當然儘管如此，牧民中也有一些初來乍到的人不聽勸告甘願冒險的，結果怎麼樣呢？下面是一個真實的、由新疆地礦局某地質隊親眼所見的故事：

1983年有一群青海省阿拉爾牧場的馬因貪吃谷中的肥草而誤入死亡谷。一位牧民為了找回馬群，冒險進入谷地。然而幾天過去後，人沒有出現，馬群卻出現了。後來

他的屍體在一座小山上被發現，慘不忍睹：衣服破碎，光著雙腳，怒目圓睜，嘴巴張大，獵槍還握在手中，一副死不瞑目的樣子。讓人不解的是，他的身上沒有發現任何的傷痕或被襲擊的痕跡。誰是罪魁禍首呢？

禍不單行，這起慘禍發生不久後，在附近工作的地質隊也遭到了死亡谷的襲擊。那是1983年7月，外面正是酷熱難當的時候，死亡谷附近卻遭受了一場突如其來的暴風雪。暴風雪過後，一聲雷吼突如其來，炊事員當場暈倒過去。同事們立即趕來，抓緊對他進行搶救，幸運的是，炊事員慢慢醒過來了。根據炊事員回憶，他當時一聽到雷響，頓時感到全身麻木，兩眼發黑，就什麼也不知道了。第二天隊員們出外工作時，驚詫地發現整個山坡全變了，原來的黃土已變成黑土，如同灰燼，動植物已全部被「擊斃」，到處都是倒斃的牛和其他動物的骨骸，滿目蒼涼。

地質隊感到十分蹊蹺，迅速組織起來對谷地進行考察。考察後發現該地區的磁異常極為明顯，而且分佈範圍很廣，越深入谷地，磁異常值越高。地質學家認為，在電磁效應作用下，雲層中的電荷和谷地的磁場作用，導致電荷放電，使這裡成為多雷區，而雷往往以奔跑的動物作為襲擊的對象。這種推測是對連續發生的幾個事件的最好解

讓人恐懼的驚魂之域

釋。

　　另外，地質學家還發現死亡谷底部沼澤地下有條暗河，如果有人踏在沼澤地上，就會立刻掉入河中，被暗河極大的吸引力拉入萬丈深淵，如同印尼爪哇島上的魔鬼洞一樣恐怖。印尼的魔鬼洞六個大洞口，都有一種神奇的力量，只要任何物體經過洞口，它就能像餓虎撲食似的把它吸入洞中

　　崑崙山的死亡谷，上有閃電，下有暗河，真可謂地獄之門。地質學家的解釋也只能是窺探此門真祕的一個視窗，更艱巨的考察任務還在後頭。但我們相信透過不懈的努力和探索，大自然的祕密一定會被解開。

沙漠中的魔鬼城

魔鬼城並不是魔鬼的巢穴，而是大自然的鬼斧神工。

在甘肅敦煌附近的戈壁灘上，有這樣一座特殊的「城堡」，其整體像一座中世紀的古城。有城牆，有街道，有大樓，有廣場，有教堂，有雕塑，其形象生動，惟妙惟肖令世人瞠目。當晴空萬里、微風吹拂時，城堡裡總是傳出一陣陣美妙的樂曲，可是旋風一起，飛沙走石，那美妙的樂曲頓時變成了各種怪叫，鬼哭狼嚎，四處迷離……城堡被籠罩在一片濛濛的昏暗中。這裡，就是著名的「魔鬼城」，究竟是誰建造了它？那無數奇異的聲音又是從哪兒來的呢？

在古代，由於沒有科學的解釋，人們一直認為「魔鬼城」裡住著許多魔鬼，非常恐怖，因此人們都繞道而行，更別說去城裡查看了。

在平坦的戈壁灘上，突然隆起了一片典型的雅丹地貌群落，無數紅黃色，褐色的「巨石」，有的孤獨地傲然屹立，守望著這片神奇的土地，有的「結伴成群」，構成

讓人恐懼的驚魂之域

了一處處雄渾壯觀的景觀。

　　科學家在經過實地考察後，認為「魔鬼城」實際上就是一個「風都城」，並沒有什麼鬼怪在興風作浪，而是肆虐的風在中間發揮著作用。「魔鬼城」的種種現象都可以由地球科學的「風蝕地貌」來解釋。在氣流的作用下，狂風將地面上的沙粒吹起，不斷衝擊、摩擦著岩石，於是各種軟硬不同的岩石在風的作用下便被雕琢成各式各樣奇怪的形狀。

　　「魔鬼城」的地層是古生代的沉積岩，經過漫長歲月的積累，一層又一層相疊而成，厚薄不一。鬆實結合的岩層經過太陽的燒烤，夜晚又急劇降溫，在熱脹冷縮的作用下，岩石會碎裂成許多裂縫和孔道。沙漠地區的風面對著準噶爾盆地老風口，還常年受到從中亞沙漠地區而來的西北風的影響。由於風的長期猛烈吹蝕，鬆軟的沙土石被捲走，地面被侵蝕成規則的溝壑，而堅硬的土石層則成為高矮不等的土崗，並被刀刻斧鑿般地雕成諸多千姿百態，惟妙惟肖的造型。

　　但是，科學家認為，雕琢「魔鬼城」的偉大工程師絕對不止有「風」，還有「雨」，即流水的侵蝕、切割。但「魔鬼城」形成的主要原因還是特殊的岩石，在城裡分

佈著形態各異的山岩，且大多裸露在地面上。有的像飛簷斗拱的亭台樓榭；有的像紀念塔、金字塔。世界許多著名建築都可以在這裡找到它的縮影：埃及的金字塔、獅身人面像、草原的蒙古包，阿拉伯式的清真寺應有盡有，宛若一個世界建築藝術博物館。許多岩石久經風化，如同人像，又如珍禽異獸一般，栩栩如生。

　　由此可見，「魔鬼城」的建造者不是風、雨、石等個別的因素，當然更不可能是魔鬼，而是多種因素共同作用的結果。「魔鬼城」裡的「魔鬼」並不可怕，它只是大自然的力量，人們再也不必為此擔驚受怕了。

讓人恐懼的驚魂之域

戈壁中的死亡之蟲

死亡之蟲究竟只是一個古老的傳說，還是活生生的怪異生物？

　　蒙古戈壁沙漠上流傳著一個離奇的傳說——在茫茫的戈壁沙丘中常有一種巨大的血紅色蟲子出沒，它們形狀十分怪異，會噴射出強腐蝕性的劇毒液體，此外，這些巨大的蟲子還可從眼睛中放射出一股強電流，讓數米之外的人或動物頃刻斃命，然後，將獵物慢慢地吞噬……大家把它稱為「死亡之蟲」。

　　許多人第一次聽到蒙古傳說中的「死亡之蟲」時，都會認為這只是一個杜撰的玩笑而已，它就如同科幻電影和連環漫畫中的怪異大蟲一樣。但是，「死亡之蟲」卻似乎並不是一個荒誕的傳說，許多目擊者對它的描述都驚人的一致：它生活在戈壁沙漠的沙丘之下，長5英尺左右，通體紅色，身上有暗斑，頭部和尾部呈穗狀，頭部器官模糊。由於這種恐怖的蟲子從外形上很像寄居在牛腸子中的蟲子，也被稱為腸蟲。據一位多年以來潛心研究「死亡之

蟲」的蒙古老者介紹，「死亡之蟲」大都出沒在地勢險要的地方，一般6、7月份降雨之後，「死亡之蟲」就會鑽出沙子。據說每當「死亡之蟲」出現，將意味著死亡和危險，因爲它不但會噴射出致命毒液，還可從眼睛放射出強電流殺死數英尺之外的獵物。

英文資料中第一次提及「死亡之蟲」是在1926年，美國教授羅伊‧查普曼‧安德魯斯在《追尋古人》一書中描述了「死亡之蟲」，但是他還不能完全確信依據蒙古官員們描述的這種沙漠怪物的存在。

捷克探險家早在1990年和1992年分別兩次來到蒙古尋找「死亡之蟲」的蹤跡，但都沒有找到傳說中的「死亡之蟲」。

在蒙古的一個村子裡，一位青年人說他在3年前在一口井附近曾看到過「死亡之蟲」，而且村裡的居民經常看到它的蹤跡。據一個表示自己曾無意碰到過「死亡之蟲」的人說，當他碰到「死亡之蟲」的時候看，可怕的「死亡之蟲」噴射的毒液將他的手臂燒傷。當時他忍著疼痛將「死亡之蟲」放在冷卻的安全氣袋，「死亡之蟲」卻噴出綠色腐蝕性毒液從氣袋中逃脫。

如果不是「死亡之蟲」的故事流傳如此廣泛，每一

讓人恐懼的驚魂之域

位目擊者對它的描述如此一致，人們都會將它作爲一個離奇的傳說。可是，儘管許多牧民表示曾看到過它，但都無法提供「死亡之蟲」詳實的生活習性和出沒地點。究竟死亡之蟲只是一個富有神祕色彩的蒙古傳說，還是活生生的荒涼戈壁沙漠中怪異的生物？這的確是一個謎。

地球上的四大死亡谷

四個死亡谷的「愛好」不同，但吞噬生命是它們的共性。

　　在蘇聯、美國、義大利和印尼，存在著地球上四大「死亡谷」，它們的神祕與恐怖景象各不相同。

　　在蘇聯堪察加半島克羅諾基山山區的「死亡谷」，長達兩公里，寬100～300米不等。這裡的地勢凸凹不平，坑坑窪窪，不少地方有天然硫黃嶙峋露出地面。到處可見到狗熊、狼獾以及其他野獸的屍骨，令人毛骨悚然。據統計，這個「死亡谷」已吞噬過30條人命。

　　前蘇聯的科學家曾對這個「死亡谷」進行過多次探險考察，但結論仍是眾說紛紜。有人認為這裡多露天硫黃等礦，殺害人畜的禍首是積聚在凹陷深坑中的硫化氫和二氧化碳；有人則認為這裡谷狹底深，產生的熱性毒劑氫氧酸及其衍生物是元兇。可是，住在距離「死亡谷」僅一箭之地，而且沒有山嶽和森林阻隔的村舍農民，卻不曾受到過這些毒氣的影響。這到底是怎麼回事呢？蘇聯科學家曾對這個「死亡谷」進行過多次冒險考察，但尚無一致的結

讓人恐懼的驚魂之域

論。

在美國加利福尼亞州與內華達州相毗連的群山之中，也有一條特大的「死亡谷」。它長225公里。寬約6到26公里不等，面積達1400多平方公里。峽谷兩「岸」，懸崖絕壁，地勢十分險惡，險象環生，見者不寒而慄，聞者談之色變。

據說在1949年，美國有一支尋找金礦的勘探隊伍欣然前往「未開墾的處女地」，因迷失方向而涉足其間，幾乎全隊覆滅。幾個僥倖脫險者，不久後也神祕地死去。此後，有些前去探險或試圖揭開大死亡谷之謎的人員，也屢屢葬身谷中，至今仍然未能查出死亡的原因。

後來，科學家驚詫地發現，這個地獄般的「死亡谷」，竟是飛禽走獸的「極樂世界」。據調查統計，在這死人谷裡大約繁衍著300多種鳥類，20餘種蛇類，17種蜥蜴，還有1500多頭野驢居然在那裡悠然逍遙，它們或飛、或爬、或跑、或臥，好不自在。為什麼這地方對人這麼兇殘，而對禽獸卻如此寬容？這個謎至今未被揭開。

義大利的那不勒斯和瓦唯爾諾湖附近的「死亡谷」，又另有一番特點。它只危害飛禽走獸，對人的生命卻毫無威脅。據調查統計，每年在此死於非命的各種動物

多達37600多頭，其中有各種飛禽走獸，鳥類幾十種，爬行類十九種，哺乳動物也有上十種。所以義大利人又稱它為「動物的墓場」。它們的死，不是自相殘殺，也非集體自殺，更非人為，不知是什麼原因。該谷與加州死亡谷成180度的大反差，其原因令人百思不得其解。義大利的一些專家、學者曾多次對「死亡谷」進行過考察研究，但至今仍未找到答案。

在印尼爪島上有個更為奇異的「死亡谷」。在谷中共分佈著6個龐大的山洞，洞呈喇叭狀，都是大陷阱。每個洞對人和動物的生命都有很大的威脅。不用說「誤入」谷洞者性命不安，就是保持距離者也難倖免。

當人或者動物從洞口經過時，會被一種強大的吸引力「拖入」谷洞而「吃掉」。即使人或動物距離洞口6至7米遠，也會被魔口「吸」進去，逃脫不得，由此葬身。所以山洞裡至今堆滿了獅子、老虎、野豬，鹿以及人體的骸骨。據偵察，谷洞裡已是白骨累累，難以分清哪些是人骨，哪些是獸骨。

這些山洞何以會具有這種吸攝生靈的力量？被吸進去的人和動物是中毒致死還是餓死的呢？至今也是不得而知。

讓人恐懼的驚魂之域

海上墳地 馬尾藻海

進入馬尾藻海的船隻，就如同進了泥潭，進也不是，退也不是，只能依靠運氣。

　　馬尾藻海又稱薩加索（葡語葡萄果的意思）海，是大西洋中一個沒有岸的「洋中之海」，覆蓋大約500萬到600萬平方千米的水域。馬尾藻海的位置大致介於北緯20度到-35度、西經30度到-75度之間，由墨西哥暖流、北赤道暖流和加那利寒流圍繞而成。它的西邊與北美大陸隔著寬闊的海域，其他三面都是廣闊的洋面，沒有海岸的海，也沒有明確的海區劃分界線。

　　1492年，哥倫布橫渡大西洋經過這片海域時，船隊發現前方視野中出現大片生機勃勃的綠色，他們驚喜地認為陸地近在咫尺了，可是當船隊駛近時，才發現「綠色」原來是水中茂密生長的馬尾藻。馬尾藻海圍繞著百慕達群島，與大陸毫無瓜葛，所以它名雖為「海」，但實際上並不是嚴格意義上的海，只能說是大西洋中一個特殊的水域。

馬尾藻海的海水透明度非常高，是世界上公認的最清澈的海。但是，在航海家們眼中，馬尾藻海是海上荒漠和船隻墳墓。在馬尾藻海的海面上，佈滿了綠色的無根水草——馬尾藻，彷彿是一派草原風光。在海風和洋流的帶動下，漂浮著的馬尾藻猶如一條巨大的橄欖色地毯，一直向遠處伸展。在這片空曠而死寂的海域，幾乎捕撈不到任何可以食用的魚類，海龜和偶爾出現的鯨魚似乎是唯一的生命，此外就是那些單細胞的水藻。

　　除此之外，這裡還是一個終年無風區。在蒸汽機發明以前，不知有多少船隻，因爲誤入這片奇特的海域，就被馬尾藻死死的纏住，最終因缺乏航行動力而被活活困死。所以自古以來，馬尾藻海被看做是一個可怕的「魔海」。1492年8月3日早晨，義大利航海家哥倫布率領的一支船隊，就在那裡被馬尾藻包圍了。他們在馬尾藻海上航行了整整三個星期，才擺脫了危險。

　　在第二次世界大戰中，英國奧茲明少校曾親自去了馬尾藻海，海上無風，「綠野」發出令人作嘔的奇臭。海藻表面有極大的黏性，吸住人的手後，竟留下了血痕。到了晚上，海藻像蛇一樣爬上船的甲板，似乎要將船裹住不放，爲了航行，他只好把海藻掃掉，可是海藻越來越多，

讓人恐懼的驚魂之域

像潮水一樣湧上甲板。經過一番搏鬥，筋疲力盡的他僥倖得以逃生。

自古以來，人們把馬尾藻稱為「魔藻」，可是「魔藻」為什麼會「吃人」呢？由於百慕達三角地帶是這一海域上最著名的神祕地帶，因此很多人認為「魔藻」一定與百慕達黑三角有關。

在海洋學家和氣象學家的共同努力下，馬尾藻海「詭異的寧靜」和船隻莫名被困的原因被找出來了。原來，這塊幾百萬平方公里的橢圓形海域正處於4個大洋流的包圍中，西面的灣流、北面的北大西洋暖流、東面的加納利寒流和南面的北赤道暖流相互作用的結果，使馬尾藻海以順時針方向緩慢流動，這就是這裡異乎尋常「平靜」的原因。正是因為這種原因，才會使古老的依賴風和洋流助動的船隻在這片海域徘徊不前。由此，馬尾藻海鹽分偏高、海水溫暖、浮游生物眾多的問題，也都紛紛迎刃而解。

雖然馬尾藻海中的海藻被證實了並非是阻擋船隻前進並吞噬海員的魔藻，但籠罩在它頭上的神祕光暈卻並未因此而消失。

無底洞之謎

無底洞真的沒有底嗎？流入其中的水最終流向哪兒了呢？

地球上是否真的存在「無底洞」？照說地球是圓的，由地殼、地幔和地核三層組成，真正的「無底洞」是不應存在的，我們所看到的各種山洞、裂口、裂縫，甚至火山口，也都只是地殼淺部的一種形態。

然而我國一些古籍卻多次提到海外有個神祕莫測的無底洞。《山海經》記載：「東海之外有大壑」。《列子‧湯問》：「渤海之東，不知幾億萬里，有大壑焉，實惟無底之谷，其下無底。名曰歸墟。八紘九野之水，天漢之流，莫水注之，而無增無減焉。」

實際上，地球上確實有一個「無底洞」，它位於希臘亞各斯古城的海濱。由於瀕臨大海，每當海水漲潮的時候，洶湧的海水就會像排山倒海一樣「嘩嘩嘩」地朝著洞裡邊流去，形成了一股特別湍急的急流。

據推測，每天流進這個無底洞的海水足足有3萬多噸。但令人奇怪的是，這麼多的海水「嘩嘩嘩」地往洞裡

讓人恐懼的驚魂之域

邊流，卻一直沒有把它灌滿。所以，人們曾經懷疑，這個無底洞會不會就像石灰岩地區的漏斗、豎井、落水洞一樣，不管有多少水都不能灌滿。不過，這類石灰岩地形的「無底洞」都會有一個出口，水會順著出口流出去。可是，從20世紀30年代以來，人們尋找了好多地方，做了各種的努力，卻一直沒有找到希臘亞各斯古城海濱無底洞的出口。

1958年，美國地理學會曾經派出一個考察隊，來到希臘亞各斯古城海濱，想揭開這個無底洞的祕密。

考察隊員先把一種經久不變的深色染料放在海水裡面，讓其隨著海水流進無底洞裡去。然後，他們趕緊分頭去觀察附近的海面和島上的各條河流、湖泊，看看有沒有被這種染料染出顏色的海水。可是，考察隊員們費盡力氣察看了所有的地方，也都沒有發現被染料染了顏色的海水。

難道是海水的量太大，把有顏色的海水稀釋得太淡了，以致人們根本看不出來嗎？

過了幾年以後，考察隊又進行了一個新的實驗。他們研究製造出來一種淺玫瑰色的塑膠粒子，這種塑膠粒子比海水稍微輕一些，能夠漂浮在水面上不沉底，也不會被

海水溶解。

　　一天，考察隊員們又來到希臘亞各斯古城海濱的那個無底洞。他們把130公斤的塑膠粒子都倒進了海水裡。片刻功夫，這些塑膠粒子就被無底洞吞沒了。哪怕只有一粒塑膠粒子在別的地方冒出來，隊員就能找到「無底洞」的出口了，從而揭開「無底洞」的祕密。

　　結果，令人失望的是，考察隊員們在各地水域裡整整尋找了一年多的時間，一顆塑膠粒子也沒有找到。

　　至今，誰也不知道這麼多的海水流進無底洞，最後究竟流到什麼地方，也不知道這個無底洞的洞口究竟在什麼地方。無底洞的祕密就像是一個謎，一直困擾著人們。

讓人恐懼的驚魂之域

吞噬新娘的魔洞

大街上發生車禍是常見的事，但偏偏有一條街道屢次吞噬了新娘，聽來非常恐怖。

　　在埃及列基沙特亞市，有一條恐怖的勒比坦尼亞大街，從1973年到1976年，先後有6位新娘在這裡失蹤。這個消息駭人聽聞，為什麼偏偏新娘會在這條大街上消失？難道街道對新娘情有獨鍾？

　　1973年3月的一個晚上，勒比坦尼亞大街第一次發生了新娘失蹤事件。當時，新郎阿克沙德陪著新娘梅麗柏正在坦尼亞大街上散步，突然間路面上出現了一個不大的洞穴，新娘梅麗柏跌入洞中，隨即蹤影全無，阿克沙德找尋了多時也未找到自己的愛人。同年10月，一對新婚燕爾的美國夫妻來埃及旅遊。當他們來到勒比坦尼亞大街上時，新娘就在眾目睽睽之下失足陷入一個剛剛在面前出現地坑穴中，身子一晃，人就再也看不見了。其後，1974年到1976年的幾年裡，又發生了4起新娘失蹤案中的最後一起。恐怖的勒比坦尼亞大街由此成為新娘的噩夢，人們雖

經多次勘察，但仍找不去街上突然出現洞穴的原因。

　　1976年1月13日，勒比坦尼亞大街發生了有記載的新娘失蹤案中的最後一起。這天上午，新郎比爾偕新娘瑪利亞在坦尼亞大街上散步，正當他們邊走邊聊的時候，突然瑪利亞被吸進了路旁的一個小洞。比爾以爲是有人綁架了瑪利亞，慌忙報了警。員警迅速趕到現場，只見那個小洞僅有半尺深，是水務局掘地修理地下管道後留下的一個小洞。員警馬上招來水務局的工人，用鏟土機把路面掘開，還向下掘四五米深，仍然沒有瑪利亞的影子。瑪利亞就這樣神祕地消失在了小洞中。

　　鑒於多次發生新娘失蹤事件，警方專門成立了破案小組，負責對發生在勒比坦尼亞大街上的一系列失蹤案進行嚴密的調查。然而警方調查了很久，始終沒有破案，也沒有查出任何蹊蹺的問題來。

讓人恐懼的驚魂之域

吃人的死神島

死神島真的「吃人」，這裡是船隻的噩夢。

在距北美洲北半部、加拿大東部的哈利法克斯約百公里洶湧澎湃的北大西洋上，有一個不毛孤島叫賽布林島。島上，草不生長，鳥不歇腳，沒有任何動物和植物，光禿禿的，只有堅硬無比的青石頭。奇怪的是每當海輪駛近小島附近，船上的指南針便會突然失靈，整艘船就像著了魔似的被小島吸引過去，使船隻觸礁沉沒，好像有死神在操縱。許多航海家「望島生畏」，叫它「死神島」。

據考證，幾千年來，由於巨大海浪的猛烈沖蝕，此島的面積和位置不斷發生變化。最早它是由沙質沉積物堆積而成的一座長120公里、寬10公里的沙洲。在最近200多年中，該島已向東遷移了20公里，長度也減少了將近大半。現在東西長40公里，寬度卻不到2公里，外形酷似狹長的月牙。

賽布林島發現於1898年7月4日，當時法國拉‧布林戈尼號海輪不幸觸沙遇難。美國學者別爾得到消息，自認

為船員們可能已登上賽布林島，便組織了救險隊，可在島上待了幾個星期，連一個人影也沒有發現。

　　賽布林島位於從歐洲通往美國和加拿大的重要航線附近。幾百年來，有很多船舶在此島附近的海域遇難，從一些國家繪製的海圖上可以看出，此島的四周密佈著各種沉船符號，估計先後遇難的船舶不下500艘，其中有古代的帆船，也有現代的輪船，喪生者總計在5000人以上。人們曾親眼目睹幾艘排水量5000噸、長度約120米的輪船，誤入淺灘後兩個月內便默默地陷沒在沙灘中。賽布林島因此獲得一個綽號——死神島。在西方廣泛流傳著有關「死神島」的許多離奇古怪的神話傳說，令人聽而生畏。

　　由於島上淺沙灘經常移動位置，因此人們偶有機會發現沙灘中航船的殘骸。19世紀，一艘美國快速帆船下落不明，直到40年前，那柚木船身才從海底露出。然而三個月後，船體上又堆上了三十米高的沙丘。

　　1963年，島上燈塔管理員在沙丘上發現了一具人體骨骼、一隻靴子上的青銅帶扣、一支槍桿和幾發子彈，以及十二枚1760年鑄造的杜布朗金幣。此後，又在沙丘中找到厚厚的一疊19世紀中葉的英國紙幣，面值為100萬英鎊。由於航船在賽布林島不斷罹難，船員們紛紛要求本國

讓人恐懼的驚魂之域

政府在島上建造燈塔，設立救護站，但沒有一個國家願意在這微不足道的孤島上付出代價。

「死神島」給船員們帶來的巨大災難，促使科學家們努力去探索它的奧祕。有的學者認為，由於「死神島」附近海域常常掀起威力無比的巨浪，能夠擊沉辭不及防的船舶；有的學者認為，「死神島」的磁場異於其鄰近海面，且變幻無常，這樣就會使航行於「死神島」附近海域的船舶上的導航羅盤等儀器失靈，從而導致船舶失事沉沒。

較多學者認為，由於此島的位置和面積經常遷移變化，島的附近又佈滿流沙和淺灘，許多地方水深只有2～4米，加上氣候惡劣，風暴常見，船隻只要觸到四周的流沙淺灘，就會遭到翻沉的厄運。

直到今天，「死神島」的祕密都沒有完全解開。關於「死神島」之謎，仍需今後深入探索和研究。

阿爾沃蘭 海域之謎

這裡是空難頻繁發生的海域，這裡是飛行員的噩夢，這裡被稱為「飛機墓地」。

　　地中海的阿爾沃蘭海域，位於直布羅陀海峽與阿爾梅里亞之間，一直是海上交通要道，可是這裡卻充滿了神祕和災難。阿爾沃蘭海域是西地中海「死亡三角區」，在這片多災多難的區域，不斷發生著飛機遇難和失蹤事件。

　　1969年7月29日，西班牙一架「信天翁」式飛機在阿爾沃蘭海域失蹤。人們得到消息後，立即到該海域進行搜索。軍事當局一共動用了10餘架飛機和4艘水面艦船。當人們搜尋了很大一片海域後，只找到了失蹤飛機上的兩把坐椅，其餘的什麼也沒發現。而機長博阿多上尉在失蹤前發出的最後呼叫「我們正朝巨大的太陽飛去」至今令人們無法破譯？

　　在這次事故之前，1969年5月15日18時左右，海軍的一架「信天翁」式飛機也在同一海域莫名其妙地栽進了大海？據目擊者說，那架飛機當時飛行高度很低，駕駛員可

讓人恐懼的驚魂之域

能是想強行進行水上降落而未成功。機長麥克金榮上尉僥倖還活著，他當即被送往醫院搶救。儘管傷勢並不重，但他根本說不清飛機出事的原因。

人們還在離海岸大約一海浬的出事地點附近打撈起兩名機組人員的屍體。後來幾艘軍艦和潛水夫又仔細搜尋了幾天，另外5人卻始終沒找到。

有人透露，5月15日的飛行本來是派一位名叫博阿多的空軍上尉擔任機長的，臨起飛才決定換上麥克金榮。這樣，博阿多有幸躲過了那次災難。然而好運並沒能一直照顧他。時隔兩個月，也就是7月29日，已被獲准休假的博阿多再次被派去擔任「信天翁」式飛機的機長。這次，他回不來了。

西地中海「死亡三角區」的三個頂點，分別是比利牛斯的卡尼古山，摩洛哥、埃爾、及利亞、茅利塔尼亞共同接壤的延杜夫，再加上加那利群島。這片神祕的海域，一直是飛機的噩夢，飛行員們都十分害怕從這裡飛過。

1975年7月11日上午10點30分，西班牙空軍學院的4架「薩埃塔式」飛機正在這一海域進行集結隊形的訓練飛行。突然一道閃光掠過，緊接著，4架飛機一齊向海面栽了下去。附近的軍艦、漁船以及潛水夫們都參加了營救遇

132

難者和打撈飛機的行動。他們很快就找到了5名機組人員的屍體。但是這4架剛剛起飛幾分鐘的飛機為什麼要齊心合力朝大海撲去呢？西班牙軍事當局對此沒有作任何解釋，報界的說法是：「原因不明」。

　　據統計，從1945年二次大戰結束到1969年的20多年和平時期中，阿爾沃蘭海域竟發生過11起空難，229人喪生。每當飛機經過該海域時，機上的儀錶和無線電都會受到奇怪的干擾，甚至定位系統也常出毛病，以致搞不清自己所處的方位。而該海域被飛行員驚恐地稱之為「飛機墓地」？

讓人恐懼的驚魂之域

骷髏海岸

骷髏海岸遍佈骷髏，誰也不知道它究竟吞噬過多少生命。

在古老的納米布沙漠和大西洋冷水域之間，有一片白色的沙漠，這是世界上最危險而又最荒涼的海岸。因失事而破裂的船隻殘骸，雜亂無章地散落在海岸上面，所以被稱為「骷髏海岸」，也叫地獄海岸。

骷髏海岸長約500千米，由於備受烈日的煎熬，海岸顯得非常荒涼，卻又異常美麗。從空中俯瞰，骷髏海岸是一大片褶痕斑駁的白色沙丘，從大西洋向東北延伸到內陸的沙礫平原。大風流動的沙丘，發出隆隆的呼嘯聲，讓人產生一種不寒而慄的感覺。

骷髏海岸是一片充滿危險的海域。8級大風、令人毛骨悚然的霧海和深海裡參差不齊的暗礁常常使來往船隻遇險失事。傳說有許多失事船隻的倖存者跌跌撞撞爬上了岸，以為有了一線生機，然而海灘上惡劣的自然環境和恐怖的風沙會慢慢將他們折磨致死。因此，骷髏海岸佈滿了各種沉船殘骸和船員遺骨。1859年，瑞典生物學家安迪生

來到這裡，感到一陣恐懼向他襲來，他不禁大喊道：「我寧願死也不要流落在這樣的地方！」

1933年，一位瑞士飛行員諾爾從開普敦飛往倫敦時，飛機突然失事，墜落在這個海岸附近。由於種種原因使打撈飛機的工作沒有成功，有人認為諾爾的骸骨終有一天會在骷髏海岸找到，骷髏海岸從此得名。可是後來諾爾的骸骨一直也沒有找到，骷髏海岸的神祕漸漸拉開了大幕。

1942年，英國貨船「鄧尼丁星」號載著21位乘客和85名船員在庫內河以南40千米處觸礁沉沒。經過緊急求援，3個嬰兒以及42名男船員乘坐汽艇登上了岸。這次救援是最困難的一次，救生員幾乎用了4星期的時間才找到所有遇難者的屍體，以及生還的船員和乘客，並把他們安全地送回文明世界。這次救援共派出了兩支陸路探險隊，從納米比亞的溫吐克出發，還出動了3架轟炸機和幾艘輪船。然而在救援過程中，其中一艘救援船觸礁，3名船員遇難。

1943年，有人在骷髏海岸沙灘上發現了12具無頭骸骨橫臥在一起，附近還有一具兒童骸骨。在骸骨不遠處有一塊久經風雨侵蝕的石板，上面有一段話：「我正向北

讓人恐懼的驚魂之域

走，前往96千米處的一條河邊。如有人看到這段話，照我說的方向走，神會幫助你。」從石板上所署的日期來看，這段話刻於1860年。然而直到現在也沒有人知道遇難者是誰，也不知道他們是怎樣在海岸遇險的，到底又為什麼都掉了頭顱。這是一個不解之謎。

夜晚的骷髏海岸更加恐怖，幽靈般的霧掠過骷髏海岸的沙丘，海上的風呼呼地吹著，似乎在向人們講述著一段段悲慘的故事，也似乎是在為那些慘遭不幸的人們送上挽歌。然而，骷髏海岸的神祕卻一直沒有解開，誰也不知道它究竟吞噬過多少冤魂。

詭祕的幽靈島

幽靈島就如同幽靈一樣，時隱時現，時大時小，讓人捉摸不透。

「幽靈島」指的是在海洋中形跡詭祕、忽隱忽現的島嶼。它們不同於那種熱帶河流上常見的，由於漲水或暴風雨沖走部分河岸或沼澤地而形成的漂浮島。

1707年，英國船長朱利斯在斯匹次培根群島以北的地平線上發現了陸地，但他總是無法接近這塊陸地，他完全相信這不是光學錯覺，於是將「陸地」標在了海圖上。200年後，乘「葉爾瑪克」號破冰船到北極考察的海軍上將瑪卡洛夫與他的考察隊員們再次發現了一片陸地，而且正是朱利斯當年所見到的那塊陸地。1925年航海家沃爾斯列依經過該地區時，也發現過這個島嶼的輪廓。1928年，當科學家前去考察時，在此地區卻沒有發現任何島嶼的存在。

1831年7月10日，一艘義大利船途經地中海西西里島西南方的海上，船員們目睹了一場突現的奇觀：一股直

讓人恐懼的驚魂之域

徑大約200米、高20多米的水柱噴湧而出，水柱剎那間變成了一團500多米高的煙柱，並在整個海面上擴散開來，方圓近730多平方米的海域轉眼間變成一團煙霧彌漫的蒸汽。船長及船員們從未見過如此景觀，被嚇得目瞪口呆。

8天以後，當這艘船返回時，發現這兒出現了一個冒煙的小島。四周海水中，佈滿了多孔的紅褐色浮石和不可勝數的死魚。這座在濃煙和沸水中誕生的小島在以後的10多天裡不斷地伸展擴張，由4米長到60多米高，周長也擴展到4.8千米。由於這個小島誕生在航運繁忙、地理位置重要的突尼斯海峽裡，因此引起了各國的注意，大量的科學家前往考察。但奇怪的事情發生了，正當人們忙於繪製海圖、測量、命名並多方確定其民用、軍事價值時，這個島開始縮小，僅三個月就完全隱入了水底。但它並未真正消失，在以後的歲月，它又多次出現，直到1950年它還表演過一次。於是它就成了名副其實的「幽靈島」。

100多年前，英國探險家德克爾斯蒂在大西洋北部發現了一座盛產海豹的小島，將其命名為德克爾斯蒂島。後來，大批的捕捉者來到島上建立了修船廠和營地，但此島卻在1954年夏季突然失蹤了。大量的偵察機、軍艦前來尋找均無結果。事隔8個月後，一艘美國潛水艇在北大西

洋巡邏時突然發現一座航海圖上從來沒有標示過的島嶼，潛水艇艇長羅克托爾上校經常在這一帶海域航行，發現此島後大為震驚。羅克托爾上校透過潛望鏡發現島上有人居住，於是命令潛水艇靠岸登陸。經過詢問島上的居民才知道，這正是8個月前失蹤的德克爾斯蒂島。

那麼，幽靈島是怎樣形成的呢？這種時隱時現的小島究竟是從何而來，又因何而去的呢？

有的科學家認為，由於撒哈拉沙漠之下有巨大的暗河流入大洋，巨量沙土在海底迅速堆積增高，直至升出海面，因此臨時的沙島便這樣形成了。然而，暗河水會出現越堵越洶湧的情況，並會衝擊沙島，使之迅速被衝垮，並最終被水流推到大洋的遠處。

也有的科學家認為海洋上的「幽靈島」的基礎是花崗岩石，它形成的年代久遠，島上有茂盛的植物和動物群，由於它們所在的海域是地震頻繁活動的地區，海底強烈的海嘯和地震常常使它們葬身海底。

多數地質學家則認為是海底火山噴發的作用形成此類小島。在海洋底部有許多活火山，火山噴發時噴出來的熔岩和碎屑物質在海底冷卻、堆積、凝固起來。隨著噴發物質不斷增多，漸漸高出海面，便形成了新的島嶼。由於

讓人恐懼的驚魂之域

島嶼的基底與海底基岩連接得不夠堅固，在海流的不斷沖刷下，新島嶼自根部折斷，最後消失了。

　　科學家的分析雖然各有道理，然而為什麼有些小島會一而再、再而三地在同一地點出現而又消失呢？與其鄰近的海域卻沒有異常現象發生，這到底是什麼所為呢？這個難以解開的謎團始終困惑著人們的好奇心。

令人自焚的 火炬島

火炬島有一種神奇的魔力，凡是踏上島的人大多都會自
燃，著實恐怖。

在東太平洋上，加拿大北部地方的帕爾斯奇湖北
邊，有一個面積僅1平方公里的圓形小島，當地人稱之爲
普羅米修士的火炬，這就是美洲廣爲流傳的死亡之島——
「火炬島」。「火炬」兩字並沒有人類手執火炬，爲世界
帶來光明，或爲海上航船指明方向的美好含意，而是踏上
此島的人將變成一把火炬，被燃燒殆盡的警告。在美洲一
直流傳著一些有關此島的駭人聽聞的故事。

有這樣一個古老的傳說：當年，把火種帶給人類的
普羅米修士準備返回天宮的時候，順手將已經沒用了的火
炬扔進了北冰洋，然而有火焰的一端並沒有沉下去，而是
露在水面繼續燃燒，天長日久，便形成了一個小島。經過
風吹雨打，小島上的火漸漸熄滅了。但是，即使過了許多
年，它依舊有一種神奇的力量，這就是人一旦踏上小島，
就會如烈焰般地自焚起來，火炬島也就由此得名。傳說島

讓人恐懼的驚魂之域

上埋藏有印第安國王的寶藏。

　　據說早在17世紀50年代，有幾位荷蘭人來到帕爾斯奇湖。當地人再三叮囑他們：千萬不要去火炬島。有位叫馬斯連斯的荷蘭人覺得當地居民是在嚇唬他們。他認為：帕爾斯奇湖處在北極圈內，即使想在島上點上一堆火，恐怕也要費些周折，更不用說是使人自焚了。

　　因此，馬斯連斯固執地邀了幾個同伴向火炬島出發，希望找到所謂的印第安人埋藏的寶物。來到小島邊時，馬斯連斯決定上島探視一下。於是獨自一人登上火炬島去，船上的同伴目送著他向火炬島的深處走去，他的身影漸漸地在同伴的視野中消失了。

　　時隔不久，他們突然看到馬斯連斯渾身是火地從島上飛奔過來，一下子躍進湖裡。但在水中馬斯連斯還在繼續燃燒。同伴立即衝了上去，但誰也不敢跳下去救他，只能眼睜睜地看著他活活被燒死。

　　1974年，加拿大普森量理工大學的伊爾福德組織了一個考察組前往火炬島考察，為了安全起見，他們就都穿上了特製的絕緣耐高溫的服裝，來到了火炬島上。在島上，他們並沒有發現什麼怪異的地方。然而，就在兩個小時的考察即將結束時，考察組成員萊克夫人突然說她心裡

發熱，腹部發燒。結果萊克夫人的口鼻中噴出陣陣煙霧，同時有一股燒焦的肉味。待焚燒結束後，那套耐火服裝居然完好無損，而萊克夫人的軀體已化為焦炭。

此後，仍有5個考察隊前往火炬島考察，每次都有人喪生。於是，當地政府不得不下令禁止任何人以科學考察的名義進入火炬島。美麗的小島更披上了一層恐懼的面紗，讓好奇的人們望而卻步。

人在火炬島上究竟為何會燃燒？這火焰到底是怎樣點著的？很多人以各種科學理論來解釋這個問題，做了各種假設和推測。

有人認為，火炬島上有一種特殊的植物，它在新陳代謝的過程中會排出甲烷之類的可燃性氣體，這些可燃性氣體在島上特別茂盛的灌木叢中聚集，濃度越來越大，只要有一個火種就能立即引發熊熊烈火。探險尋寶者上了火炬島，他們所帶的金屬器具相互碰撞，特別是金屬挖掘工具與石塊的碰撞，甚至鞋釘與島上岩石的摩擦都會產生火花，瞬間點燃可燃性氣體。火焰從地面躥起來，人也就變成了一把火炬。

還有人認為，在火炬島的空氣土壤中，存在著一種奇特的細菌。當人大量地吸入這種細菌時，它們就會在一

些人身上發生作用，使人體內的某些物質發生一些奇妙的化學變化，產生一種物質，然後最終導致人體的自燃。但這種奇特細菌究竟是一個謎。

如今，火炬島已是人跡罕至了。然而，它仍舊靜靜地坐落在帕爾斯奇湖畔，似有意等待著人們去揭開籠罩在它身上的神祕面紗——這奇特的自然之謎到底因何而起？

阿蘇伊爾幽谷之謎

阿蘇伊爾幽谷的深度是個謎，然而誰也不敢去探個究竟。

　　阿爾及利亞的朱爾朱拉山是一個風景秀麗的遊覽勝地，山上有漫山遍野的鮮花、灌木，還有獨具特色的雪松、橡樹和山櫻桃等植物，美麗的朱爾朱拉山以其獨特的風采和俏麗多姿的山色吸引了一批又一批的遊人前來欣賞。朱爾朱拉山有許多古老的岩洞和峽谷，它們的神祕和深邃吸引了眾多勇敢的探險者前來探尋，這就是大自然奧祕的魅力。

　　在朱爾朱拉山的峽谷當中，最著名的一個峽谷叫「阿蘇伊爾幽谷」，是非洲最深的一個大峽谷。阿蘇伊爾山谷的著名之處在於它的深度，可是，阿蘇伊爾幽谷到底有多深，人們從來就沒有探查清楚。那谷底到底是什麼樣，就更沒有辦法知道了。

　　為了探測阿蘇伊爾爾幽谷的確切深度，1947年，阿爾及利亞和一些外國專家組成了一支聯合探險隊來到阿蘇伊爾幽谷。專家在探險隊中挑選了一個身強力壯、又有豐

讓人恐懼的驚魂之域

富經驗的探險隊員第一個去嘗試探測。這個探險隊員繫好保險繩，信心滿滿地朝著幽谷下面看了一眼，就順著陡峭的山崖一步一步地滑了下去。谷上的探險隊員們緊緊地抓著保險繩，一方面保護著探測者的安全，一方面觀察者保險繩上的深度標記。

時間一分一秒地過去了，隨著探測隊員的滑動，保險繩上的標記也在100米、300米、500米地往下移動著。在探險隊員下到幽谷505米的時候，忽然覺得身體越來越不舒服，爲了安全起見，這個探險隊員拉了拉保險繩，讓上面的隊友把他拉了上來，這次探險活動也隨之結束了。人們對阿蘇伊爾幽谷的深度還是沒有探測清楚。

1982年，另外一支考察隊來到阿蘇伊爾幽谷，他們決心超過505米的那個深度。第一個隊員首先下去了，可是當他下到810米深的時候，再也不敢再往下走了，只好爬了上來。接著，第二個隊員一米一米地滑了下去。800米，810米，820米，只見保險繩又往下滑動了1米。探測隊員沿著峭壁下到821米深度的時候，突然出現了一種莫名其妙的恐懼，連朝谷底深處看一眼的勇氣也沒有了，只好返回了。

迄今爲止，821米的深度是探測阿蘇伊爾幽谷最深的

紀錄了。至於阿蘇伊幽谷究竟有多深，那神祕的谷底到底有些什麼東西，一直到現在也沒能解開這個謎。

然而，人們對阿蘇伊爾幽谷深度的謎團還沒有解開，山上的一些奇異現象又爲朱爾朱拉山蒙上了一層神祕的色彩。

在朱爾朱拉山，每當雨季來臨之際，傾盆大雨就會彙集成大水流沿著地面沖出去，可是幾十米以後，水流就會奇怪地消失在山谷裡面，然後在千米之下的地方再重新流淌出來。這到底是怎麼回事呢？

爲了解開這個謎團，許多科學家紛紛來到這裡考察、研究。一年又一年後，他們提出了各自的見解。阿爾及利亞的一名洞穴專家經多次探索和研究這種奇異的現象後認爲，在朱爾朱拉山的深處有一個巨大的水潭，而當雨水沿著峽谷彙集到這個水潭裡兒的時候，就會急速地奔流出來。這樣，就形成了山下的急流。

不過，許多科學家他的看法。他們認爲：如果流出幾十米遠的水都可以流到千米外的那個深水潭，那麼整個朱爾朱拉山就是一座千瘡百孔的漏斗山了，那樣人們應該就能看到許許多多一直通往山底的峽谷，可是實際上並沒有峽谷。

讓人恐懼的驚魂之域

各種說法都有其道理，然而只有事實才能給出正確的答案。要想揭開朱爾朱拉山的謎團，只能靠進一步地考察了，希望人們最終找到那個想像中的積水潭，探明阿蘇伊幽谷的真實面目，揭開朱爾朱拉山神祕的面紗……

生命的**輪回**

人死亡後會到哪裡去呢？難道真的有輪回嗎？

1953年，古普塔生於印度西孟加拉邦坎帕村。1955年她只一歲半時，經常把枕頭放在搖籃裡不停地搖，還叫枕頭「米妞」。別人非常奇怪，這樣小的孩子就知道給東西取名字，還真的從來沒有遇到過，於是問她「米妞」是誰，吉普塔回答說：「我的女兒。」聽到這話，人們就更加奇怪了。

在隨後的3年中，古普塔常對家人說起自己的丈夫、女兒及一家人的生活瑣事，還說她的前生名叫瑪娜，她的女兒米妞、丈夫和他的兄弟基圖、卡基納現仍居於帕德巴拉的拉塔拉，離坎帕村11公里。家人覺得不可思議，以為女兒被魔鬼附身了。

後來，古普塔請求家人帶她去拉塔拉，家人從沒聽說過有那個地方，不知道該怎麼去，古普塔說可以帶路。為了驗證女兒的話，家人決定帶她去拉塔拉。

古普塔的父親後來經過調查發現，確實有拉塔拉這

讓人恐懼的驚魂之域

個地方，而且真有一個名叫基圖的人住在那裡。他還查訪到基圖有一個嫂子名叫瑪娜，數年前已去世，留下一個女兒米妞。古普塔的父親好奇心頓起，他覺得這太不可思議了，這似乎是一個神話。於是，他安排兩家人見面，想弄清事情的原委。

1959年夏天，古普塔和父母一起前往拉塔拉，她帶路來到以前的「公公」家，把多年來提過名字的人一一認出來。最不可思議的是，她竟說出卡魯納的名字，人人只叫他做庫圖，連近鄰也不知道他的原名。難道他們之前真的認識？

古普塔認得屋內很多東西，還從一大堆別人的衣服中找到瑪娜的紗麗服，向別人講起來一些關於衣服的事情。她對「丈夫」和米妞特別關心，一直不停地問這問那。大家都覺得這是一件不可思議的事情。可是，又不知道該如何來解釋，只能瞪大眼睛在一旁看著。

事後進行的調查顯示，這兩家人以前未犯過欺詐罪，也沒有欺詐的動機。也就是說，這不是一起事前安排好的騙局，那麼，這究竟是真是假呢？難道古普塔真的是瑪娜轉世投胎？這樣的故事只在傳說中出現過，現實中真的會發生嗎？

古普塔的故事只是史蒂文生教授收集的幾百件奇怪事例中的一件。他在美國維琪尼亞大學任教，知道有些兒童能描述別人的住宅、工作和親屬，而那些人是他們今生所不認識的，有些甚至是去世已久的，他認爲這些都是輪回的真實事例，花了20多年時間加以研究。

　　荷蘭研究人員泰特斯與里弗斯對史蒂文生收集的很多事例表示懷疑。他們特別指出，在很多所謂輪回的事例中，「前生者」根本就是其家庭成員或是認識的人，因此「輪回者」可能只能回憶起潛意識記住的資料。

遲到 躲過災難

遲到是不守信用的表現，可是有15個人卻因為遲到而躲過了一場災難。

1950年，在阿比特麗斯市，一個教堂定於3月1日晚上7點15分所有的15名唱詩成員唱詩排練。事先，負責人通知大家一定要準時參加，因爲這是一個非常重要的排練。可是事與願違，當晚15人全部遲到，竟然沒有一個人準時到達教堂。

負責人非常生氣，就透過各種方式聯繫到這15個成員，詢問他們遲到的原因。令負責人吃驚的是，參加排練的15名唱詩成員各有其無法預測的小事故發生，而且這些原因聽起來都不太合理，有點像是編造的。

有人說，也不知道是什麼原因，他的汽車傍晚總是發動不起來。但是汽車平時都好好的，而且，今天上午他還開車出去兜了一圈，也沒發現汽車有什麼故障。

有的人說：「我沒有準時去教堂是因爲衣服還未熨好。我不太會熨衣服，本來要我媽媽熨的，可是，下午我

媽媽為了給妹妹梳頭髮，就把幫我熨衣服的事忘記了。而我自己也因為準備晚上的排練而化了好長時間的妝，沒有提醒媽媽幫我熨衣服。等我要出門的時候才發現衣服沒有熨。等媽媽幫我熨好了衣服，已經過了集合的時間了。我還因為這件事埋怨了我媽媽呢！」

有的人的理由是這樣的：下午他的同學突然來拜訪他，因為他們有3年多沒有見面了，所以一見面都非常的高興，聊得非常起勁。許多的往事讓他們都既興奮又悵惘。正因為如此，他才忘記了時間，等他發現的時候，已經晚了。

本來他也知道遲到是一件不好的事情，而且也知道自己快遲到了。可是，就是不知道是什麼原因，他竟然沒有跟同學說清楚晚上的排練，這似乎不符合他平時的作風。

還有的人說，他下午本來準備好了要早一點過來排練的，可是，由於準備的時間比較長，中午都沒顧得上吃飯，於是來教堂前就到飯店去吃飯。誰知在飯店吃飯的時候被粗心的服務員把衣服給弄髒了，等他跑回家換好衣服的時候時間已經過了⋯⋯

然而，令所有人都想不到的是，好在他們7點15分一

個也未到，因爲7點25分教堂就不知道因爲什麼原因爆炸了。而這15名唱詩成員因爲遲到全部倖免於難。像這樣15人同時全部遲到的離奇巧合，經計算，恐怕在100萬人次中才有一次。可能是冥冥之中有人在提醒他們吧！

九死一生**的人**

在遭受不幸的情況下，堅強的意志往往會令奇蹟發生。

1985年，在蘇丹西部尼亞拉當教師的普萊斯考特決定和他的同事史密斯徒步32.5公里，越過邁拉山脈，去攀登該區最高的死火山金巴拉山。在邁拉山山腳下的村莊裡，兩人遇到了丹麥人伊亞特，3人於是結伴同行，於11月27日出發，準備花3天時間爬上火山頂峰。

三人爬了兩天，一切都正常。然而第三天早上，他們帶的飲用水已所剩不多。經過商量後，三人仍決定繼續登上火口邊緣的山頭。地圖上註明火山口底部有泉水，再走半天可以抵達。他們進入火山口，開始向下走。下午3點半左右，普萊斯考特在崎嶇的山坡上失足掉到山溝裡去了。山溝非常深，伊亞特和史密斯花了1個小時工夫才爬到他身邊，這段時間他一直昏迷著。

普萊斯考特甦醒後，覺得渾身疼痛，不能動彈，身上幾處很深的傷口，大量流血。伊亞特決定去求援，可是抄近路也要一個星期才到達尼亞拉。

讓人恐懼的驚魂之域

普萊斯考特知道自己可能等不及伊亞特和營救人員趕到就會死掉。身邊只有幾品脫水，山上的氣溫又超過華氏100度，他挨不了多久。普萊斯考特感覺到自己恐怕已經內出血了，知道自己不死於脫水也會死於失血過多。

　　伊亞特走後，史密斯一直陪在普萊斯考特身邊。第二天早上，史密斯覺得乾等下去沒有一點用處，於是，他決定下山求助。普萊斯考特同意了。臨走時，他們兩人相約點起火堆作為求救信號。

　　誰知道，由於氣候乾燥，火焰不久順著枯黃的灌木叢燒過來，普萊斯考特只好艱難地一點一點挪動身子，躲避漸漸逼近的火焰，還好火燒到離他還有幾尺處熄滅了。但是，不幸的是，史密斯留給他的藥物和食物都被燒掉了。這使得普萊斯考特有些沮喪，但他仍然鼓勵著自己。

　　普萊斯考特一直堅持了兩天，受傷的身體因缺水而非常痛苦。為了不坐以待斃，他努力朝火山口底部移動，盼望能在那裡找到泉水。

　　在他受傷的第4天上午10點左右，想不到伊亞特居然帶著一名醫療人員回來了。他只用3天工夫就趕到尼亞拉，隨即與醫護人員先乘吉普車再換乘馬匹兼程趕回來。普萊斯考特痛痛快快喝了四品脫水，就被抬上馬鞍，走出

了山谷。

飛機把普萊斯考特從尼亞拉送往喀土穆，在當地醫院治療了8天，再由飛機送回英國。普萊斯考特到啓程回英國的前一晚才能入睡，這是他11天來第一次進入夢鄉。

在倫敦一家醫院，普萊斯考特進行了全身檢查，才明確斷定傷勢：腦殼破裂，一腕折斷，三塊脊椎骨碎裂，一個膝蓋上的韌帶與肌肉撕裂開。在傷勢這麼嚴重的情況下仍禁得起馬匹和吉普車的顛簸，穿越沙漠，醫生和普萊斯考特本人都十分驚奇，覺得這是一個奇蹟。醫生說，這只能用巧合來解釋。因爲換做是別人，肯定早就無法活了。

俄羅斯空難與「9‧11事件」的巧合

俄羅斯墜機不是普通的空難，而是與「9‧11事件」有著許多的巧合之處。

2001年9月11日是一個災難的日子，恐怖分子劫持了飛機，在美國製造數起駭人聽聞的恐怖事件，震驚了國際世界。然而，三年後，俄羅斯也發生了一起類似的恐怖事件，它與911恐怖事件有諸多巧合之處。

2004年8月24日晚間，由莫斯科飛往該國南部的兩架俄民航客機幾乎同時從雷達上消失。後來證實，其中一架圖－134客機於當晚11時左右在莫斯科以南的圖拉墜毀；大約9個小時以後，救援人員在俄南部的羅斯托夫附近找到了另一架一度失蹤的圖－154殘骸，兩機上至少有89名乘客和機組人員，可能已全無生還希望。這明顯是一起嚴重的恐怖襲擊事件，造成了大量無辜百姓的死亡。

事件發生後，儘管俄羅斯官方三緘其口，始終不透露事件的真實情況，但俄羅斯國內和國際社會立即將此事件與「9‧11」進行了對比，得出的結論是兩者之間有許

多「驚人相似之處」。

　　兩起空難事件都是同時同地發生的。在同一個國家、同一天夜晚、同時發生兩次空難——這樣的巧合很少發生。大家記憶最爲深刻的一次是2001年9月11日發生在美國的恐怖襲擊事件。當時，被恐怖分子劫持的兩架客機在幾分鐘的時間裡衝向了世貿大樓，還有一架撞向了五角大廈，第四架則墜毀在空地上。這次，在兩架客機墜毀之前，莫斯科發生了一起爆炸事件。

　　空難發生前官方都接到了警告。「9‧11事件」發生時，美國聯邦航空管理局也發出了飛機可能遭劫持的警告，但包括其中一架被劫航班在內的各航班都不願意相信這一事實。而此次是俄羅斯的航空監管部門也向西伯利亞航空公司發出了警告，聲稱已接到劫機信號，要求各家航空公司提高警覺，但最終悲劇還是發生了。

　　兩次事件注重的都是心理威懾。恐怖分子劫持飛機當襲擊工具並非因爲殺傷力大，而是看重它所造成的心理震撼效果。「9‧11事件」中恐怖分子用飛機撞擊的目標是五角大廈、白宮和世貿大樓，這是美國的政治、經濟和權力象徵，一旦遭打擊，那麼所產生的心理震撼力不言而喻。這次墜毀的兩架客機其中一架就是飛往索契的，而時

讓人恐懼的驚魂之域

任俄羅斯總統普京就在索契度假。這無疑是在向俄羅斯發起挑釁。

　　兩次恐怖事件的策劃精細度如出一轍。據美國分析，賓拉登怖襲擊事件是阿富汗境內的恐怖頭目賓拉登策劃的，並因此發動了阿富汗戰爭。事實上，俄羅斯境內的恐怖組織與拉登領導的「基地」組織有著千絲萬縷的聯繫：俄羅斯車臣地區是「基地」組織的訓練場，不少「基地」骨幹都是在車臣獲得了實戰的經驗，而車臣的恐怖組織又多半是從「基地」組織那裡獲得了經濟和人員的支持，因此，當「基地」組織策劃了「9‧11事件」之後，車臣的恐怖勢力很自然地仿效。車臣恐怖分子不久前就曾威脅說，要用「飛機」對俄羅斯進行襲擊。據此推斷，俄羅斯這次空難事件很有可能是車臣恐怖分子所為。

　　當然，俄羅斯官方沒有說兩起空難事件與恐怖攻擊有關，許多人也是根據俄羅斯的地區形勢進行推測。無論怎樣，俄羅斯空難事件與911恐怖事件還是有很多巧合的地方。

躺在解剖臺上的復活者

躺在解剖臺上的往往是死人，可是如果「死人」復活，真的會嚇壞醫生。

　　委內瑞拉曾經發生過這樣一件離奇的怪事：一名男青年在車禍中被醫生宣告「死亡」，當驗屍員在解剖臺上對他進行解剖的時候，「死者」竟因劇痛難忍突然叫喊起來。丈夫的意外「復活」，讓前來認屍的妻子破涕而笑。

　　據報導，這名「死而復生」的男子命叫卡米喬，現年33歲。幾天前，他在高速公路上遭遇車禍，被撞得當場昏了過去，但救護人員卻以爲他已經死亡，隨後將他送到了醫院太平間，並通知了他的妻子。

　　爲了進一步瞭解死者死因，警方派來法醫對屍體進行解剖。法醫隨後趕來對卡羅斯的「屍體」進行屍檢。可是當法醫的刀鋒剛剛劃過「屍體」的臉部皮膚時，立刻意識到事情「不妙」，因爲一股如活人傷口般的鮮血汩汩地噴射了出來。此時正在接受「屍檢」的卡羅斯也被活活地痛醒了，而且大聲喊叫起來，著實嚇了醫生一跳。醫生們

讓人恐懼的驚魂之域

發現他竟然還活著，趕緊將他臉上的傷口縫合了起來。

　　而卡米喬的妻子在得知丈夫車禍身亡後，傷心欲絕，立即趕到醫院的停屍間認屍。可是當她來到醫院停屍間後，赫然發現丈夫已被抬到走廊上，並且仍然「健在」，感到非常吃驚。她知道了事情的原委後，頓時破涕為笑。

　　據悉，醫院當局迄今當時並未出面說明該事件是否真實，不過，卡米喬出示了他臉部刀痕的照片，此外還拿出法醫解剖手術的資料，以證明確有其事。如果事情是真的話，卡米喬真的福大命大。

聳人聽聞的
離奇巧合事件

同一天發生海難，生還者姓名相同

同名同姓的人可能是巧合，可是多次海難的倖存者都叫同一個名字，就不是用機率論能夠解釋的了。

1665年12月5日，陽光明媚，一艘船在波瀾不驚的米內海峽航行。乘客們沐浴在溫暖的陽光下，心情愉快地觀賞著海峽周圍的美景。美麗的風景消除了人們多日旅行帶來的疲累，大家都非常放鬆，快活地交談著。這艘船一向行駛安全，可是，令所有人都始料未及的是，船不幸捲入一個漩渦，然後漸漸沉沒。船上81名乘客幾乎全部遇難，只有一個名叫休奇·威廉斯的人活下來。至於休奇·威廉斯為什麼能夠倖免於難，至今還是一個謎。

1785年，還是在12月5日，一艘載有60名乘客的船在大海中快速地航行。可是，由於遭遇大霧，這艘船不幸觸礁，船身被撞開一個大洞，進了許多水，船慢慢沉沒了。59名乘客不幸遇難，只有唯一一名生還者。巧合的是，這名唯一的生還者居然也叫休奇·威廉斯。

75年後，即1860年，還是不變的12月5日，一艘海船

讓人恐懼的驚魂之域

在正常地航行中突然下沉。在下沉的過程中，大家都沒有察覺。當大家意識到這一點的時候，爲時已晚。至於船爲什麼會下沉，誰也不知道究竟是什麼原因。海船沉沒後，船上的許多乘客喪生了。不過，這一次船上有25名船員倖存了下來。其中一名倖存者也叫休奇·威廉斯。

難道休奇·威廉斯是一個受到上帝特殊眷顧的名字？或許只有上帝知道這個答案。這一系列「巧合」就像一道神祕的鎖鏈，把一連串的災禍連在一起。

這些離奇的「巧合」現象早已不再屬於「機率」的範疇，誰能對它作出令人滿意的解釋呢？也許，只有命理這把鑰匙才能打開「巧合」這座神祕的大門。

聳人聽聞的
離奇巧合事件

殺人計程車

同一輛計程車在兩年的同一天載著同一乘客撞死了兄弟二人，這樣的巧合比百慕達魔鬼三角還可怕。

　　在美國的佛吉尼亞海岸，有一片地處百慕達群島和佛羅里達群島之間的廣闊海域，總面積達30多萬平方公里，這就是聞名於世的百慕達三角區。自從16世紀以來，數以百計的船隻與飛機在這片神祕的海域失蹤，因此它也被稱為「魔鬼三角區」或「死亡三角區」。專門從事海洋和航空事業的人，往往對此地談之色變。

　　在百慕達海域附近住著一對兄弟，埃斯基恩‧勞倫斯和他的兄弟內維爾。兄弟兩人相依為命，一起生活。由於聽多了百慕達「魔鬼三角區」的神祕事件，他們從來不敢到這片海域來。

　　但是，百慕達海域的神祕似乎籠罩了他們，命運似乎也不想放過他們。一天，埃斯基恩‧勞倫斯騎著一輛機動兩用車出去辦事。他在出門前還和弟弟說笑著道別，沒想到這竟然是永別。埃斯基恩‧勞倫斯在過一條大街上

讓人恐懼的驚魂之域

時，一輛計程車似乎失去了控制，猛地向他的機動車撞來。埃斯基恩・勞倫斯還沒有反應過來，只聽見他大叫一聲，機動車當即被撞翻。當計程車司機與車上唯一的乘客下車來觀察時，埃斯基恩・勞倫斯已經沒有了呼吸。

內維爾聽到消息後，悲痛萬分，想將兇手繩之以法。可是，交通警察在調查事故原因後，也不知道是什麼原因，竟然沒有起訴計程車司機。內維爾知道後非常地氣憤，大罵不公平，於是一直以來他鬱鬱寡歡。

然而，令人驚奇的事情發生了。一年以後，在埃斯基恩・勞倫斯的忌日，內維爾想到自己的哥哥就是在去年這一天被撞身亡的，心裡非常地痛苦。為了緩解悲傷的心情，他想去兜兜風。於是，他駕著哥哥曾經駕駛的那輛機動兩用車，來到了當時哥哥被撞的大街上。巧合的是，當時那輛計程車的司機正在開車拉顧客，而且拉的乘客竟然是一年前的同一個人。也不知道怎麼回事，那輛計程車竟然又像是失去了控制，朝著內維爾撞來。內維爾來不及避開，當場被撞死。上帝似乎跟這兄弟倆開了一個很大的玩笑。

就這樣，兄弟二人先後被同一個司機駕駛的同一輛計程車撞死。兩次事件發生在相隔1年的同一天，而且兩

駭人聽聞的
離奇巧合事件

次事故發生時計程車上的乘客竟然是同一個人。埃斯基恩·勞倫斯和他的兄弟內維爾死去時都才17歲。這難道也是冥冥註定的？

讓人恐懼的驚魂之域

同時遭遇襲擊的四城市

四個城市幾乎在同一時間遭受爆炸襲擊，這難道是巧合嗎？

　　2004年，從10月7日傍晚19時到8日凌晨5時，伊拉克首都巴格達、阿富汗首都喀布爾、法國首都巴黎和埃及旅遊勝地西奈幾乎同時遭到了不同程度的恐怖襲擊。沒有人知道它們之間有何必然的聯繫，但它們的性質都一樣——受傷害的都是平民，被瞄準的都是民用目標，遭打擊的是普通人的心靈，施暴者都是既不珍惜自己更不珍惜他人生命的極端分子。

　　2004年10月7日傍晚19時，位於伊拉克首都巴格達市中心的喜來登酒店遭到武裝人員襲擊。兩枚火箭彈落在了酒店附近，隨後從鄰近的底格里斯河和美國駐伊大使館附近傳來激烈的槍聲。據附近巴勒斯坦飯店的警衛人員說，槍聲持續了10分鐘左右，美軍基地附近也有槍聲傳來。在交火聲逐漸平息的時候，底格里斯河對岸較遠的地方又傳來一聲巨大的爆炸聲。

當地時間10月7日晚10時左右，於埃及和以色列之間的邊境通道僅有數米之隔的塔巴希爾頓飯店首先發生強烈爆炸，部分建築坍塌。埃及電視臺稱爆炸是煤氣洩漏所致。但以色列媒體稱爆炸是汽車炸彈造成的。據埃及官方最初報告稱，爆炸造成至少35人死亡，160多人受傷，其中多數是以色列旅遊者。

塔巴希爾頓飯店發生爆炸約兩個小時後，西奈半島的另外兩處著名風景點——位於塔巴以南約60公里的希塔尼角和蘇爾坦角旅遊度假村幾乎與此同時又響起爆炸聲。兩起爆炸間隔不過5秒鐘，度假村住滿了以色列人。這兩個度假區也是大批以色列旅遊者經常光顧的地方。

當地時間10月8日凌晨1點半左右，美國駐阿富汗大使館遭到火箭彈襲擊。兩枚火箭彈落在美駐阿使館附近。第一枚火箭彈擊中了使館區大選媒體登記站附近的一處停車場，距美國使館約兩三百米，但沒有造成人員傷亡。第二枚火箭彈的具體爆炸位置和造成的損失情況在報導時候尚不清楚。為了謹慎起見，爆炸發生後美國駐阿使館全體人員都進入地下防空洞躲避。

幾乎在同一時間，也就是當地時間10月8日清晨，印尼駐法國巴黎大使館也遭到炸彈襲擊。一枚裝有自動引爆

讓人恐懼的驚魂之域

裝置的中等型號的炸彈在巴黎的印尼大使館前面爆炸，造成10個人不同程度的受傷，傷者中包括5名使館人員。這枚炸彈被安置在使館前不遠處，並用旗子掩蓋著，很明顯是針對印尼使館的。劇烈爆炸在現場留下一個大坑，方圓30米內的一些建築物的玻璃被震碎。

　　儘管無法斷定這四起恐怖襲擊事件是否有直接的聯繫，但恐怖分子的殘忍和囂張令人髮指，恐怖分子的猖獗對無辜平民的生命財產安全、對國際社會的穩定、發展構成了空前威脅。在今後相當長的時間內，恐怖活動仍是國際社會的主要威脅。

老鼠搬家主人死亡

老鼠搬家往往是為自保，可是你聽說過老鼠搬家預示著有人死亡的事情嗎？

　　動物往往都非常敏感，能夠提前預感到災難的來臨。據說船上的老鼠能預先知道災難的發生，往往在災難降臨以前全都離船而去。可是在美國，居住在一棟房子裡的老鼠似乎能預感到房屋主人的災難，每當老鼠搬出房子的時候，總會有人死亡。

　　在第二次世界大戰後的紐約，從事電影工作的萊蒙德‧馬西夫婦為節省開支，退掉了旅館的房間，在紐約市東區八十號街租了一間房租低廉的房子住下了。

　　一天，馬西夫人無意中從二樓推開窗戶探頭眺望外面，突然瞥見對面房子的地下室裡有許多老鼠傾巢而出，黑壓壓的一片。老鼠列隊竄過馬路，拼命朝馬西家的方向湧來。

　　看到這樣的情景，馬西夫人非常吃驚，趕緊打電話給衛生局尋求滅鼠的方法，並且還從朋友家借來了貓進行

讓人恐懼的驚魂之域

滅鼠。大批老鼠「搬」進來後不久後的一天早上，馬西夫人打開報紙，報紙上刊登了財產家B夫人自殺的消息，上面還登了死者的照片。看到照片，馬西夫人不禁一愣：這不是對面鄰居的太太嗎？那些老鼠就是從她家逃過來的。一個有錢的太太為什麼要自殺呢？馬西夫人非常奇怪。

B夫人一死，那幢樓房就被拍賣了，住在馬西家的老鼠又結隊「回家」。過了一段時間，樓裡搬來了新主人，她曾經當過舞女，是一個衣著入時、滿頭金髮的女人。金髮女人住進樓房後，經常有個年輕男人出入她家。一天，這座樓裡的老鼠又一次逃到馬西夫婦住的樓裡，沒過多久，金髮女人家的男人就在樓裡突然心臟病發作死了。

年輕男人死後，女主人搬家了。奇怪，老鼠又回了「舊窩」。不久，又有個年輕的實業家搬進去住。很長一段日子，周圍太平無事。可是，有一天，又出現了老鼠「搬家」的現象。

由於前兩次的經驗，馬西夫人預感到將會有事情發生，不由得擔心起來。果然，沒過多久，《紐約時報》就登出一則消息：一個年輕實業家因飛機失事死亡。這個年輕的實業家就是對面樓房的房客！老鼠的「預言」再次成功。

老鼠預言死亡的事情傳開後，人們對這幢樓房望而卻步，再也沒人敢去租用，只得空著。後來那些老鼠重返家園，成了樓房的「主人」。據說這幢樓房早先是由一個有名的律師出錢建造的。房子造好不久，律師精神失常，被送往醫院住院治療，但是遲遲沒有康復。一天，律師從醫院裡溜出來，跳入赫德森河死了。

　　老鼠的搬家預言與原來房子的主人有什麼關係呢？沒有人能夠解開這個謎團。

173

大災難在夢中預演

都說「日有所思，夜有所夢」，然而夢裡的災難在現實中上演，這樣的機率有多大呢？

1883年8月28日晚上，在波士頓一家報社工作的記者薩姆森在報社值夜班。夜裡薩姆森做了一個奇怪的夢：南太平洋爪哇島附近一個小島上的火山爆發，當地居民被火山熔岩埋沒，接著又發生了巨大的海嘯，好幾艘巨輪被巨浪顛覆沉沒……

第二天早晨，薩姆森一覺醒來，回想起了晚上做的夢，覺得它是個很有趣味性的讀物題材，便把夢中見到的一切寫成文章，準備日後發表在科幻刊物上。大家上班的時間到了，薩姆森也該下班了，於是他把寫好的稿子往辦公桌上一放，就回家休息了。

不一會兒，總編來到報社上班。在巡視的過程中，他無意間看到薩姆森桌子上的稿子，便誤以為是昨夜發生的重大事件的新聞稿，立刻拿著稿子去了印刷廠。事後，總編在與薩姆森的聯繫中知道這篇稿子是他根據自己夢見

的內容寫成的一篇趣味讀物，立刻哭叫不迭。但是為時已晚，報紙已經發到市民手中了。這一爆炸性的新聞立刻在社會上引起了一場軒然大波。

為了彌補事件造成的嚴重後果，報社社長趕緊召集各部門負責人開會，緊急磋商善後事宜。經過討論，報社決定在報紙上就此事公開道歉。然而就在此時，有消息傳來：爪哇島附近的小島火山爆發，情形與薩姆森所夢見的完全相同。所有在場的人都嚇呆了。

原來，在薩姆森夢見火山大爆發的同時，位於爪哇和蘇門答臘之間的克拉卡托島的火山真的爆發了。火山噴發的爆炸聲驚天動地，連3600公里遠的澳大利亞和4800公里遠的印度洋群島都能聽到爆炸聲。這一爆炸使得長8公里、寬4公里的克拉卡托島失去了三分之二的面積。火山爆炸引起的海嘯摧毀了163個村鎮，死亡人數達4萬餘人。在爪哇和蘇門答臘，海嘯掀起的巨浪也高達40公尺，掀翻了好幾艘巨輪。這是一場有史以來的大慘劇。

為什麼薩姆森會在夢中預見到這場大悲劇呢？而且夢境與現實一模一樣。這真是個難解之謎。

同樣夢裡的災難在現實中發生的還有著名的鐵達尼號遇難事件。1912年4月15日黎明，總噸位達46300噸的英

國超級遊輪鐵達尼號在大西洋上與冰山相撞沉沒，船上1503名乘客和巨輪一同沉入海中，不幸遇難。這是許多人都知道的一起海難。

然而，海難前有一個人因為一場夢而倖免於難。這是怎麼回事呢？這個人叫喬·奧庫納，他原本訂了兩張鐵達尼號的船票去紐約。就在出發前一天，他夢見鐵達尼號沉沒了，不祥的預感促使他在輪船起錨前退掉船票，避免了葬身海底的厄運。

夢裡的事情真的會在現實中發生嗎？許多人曾說他們經歷的一些事似乎以前在夢裡出現過，這也可能只是一種感覺。然而像薩姆森和喬·奧庫納所做的夢真的在現實中發生，絕對是極為罕見。

古希臘海爾梅斯大預言

海爾梅斯預言了人類的進程，讓人堅定不移地敬畏神，只有這樣，人類才能存在。

海爾梅斯是希臘神話中的一個神，也稱赫爾墨斯，是希臘神話中眾神的使者。據稱海爾梅斯是上帝的使者，在歷史上他是一名成功的預言家。海爾梅斯的論述是人類文明所記錄的最早的有關宇宙和生命的認知體系之一。《海爾梅斯》的成書年代相當久遠。

海爾梅斯有完整的宇宙觀，對宇宙、不息的生命、時間、神與人、世界的歸宿等都有十分深刻的認識。他深知宇宙與神的偉大以及自己能力的局限，因而心中充滿了對神的敬畏與感激。在海爾梅斯看來，人的思想是低能的，而神的智慧則是聖潔、永恆的。認為主神是一切生命的締造者。而生命一經產生，必須透過符合宇宙不變的法來維持。

海爾梅斯認為，「時間的進程也完全由法而定。」「（時間）按照定好的程式更新宇宙中的一切。」「一切

讓人恐懼的驚魂之域

都在這一進程中，不論是在天上還是地上。」「永恆不受時間限制，而時間卻在種種限制下，往復循環著。」「我們人所看到的天國景象，就想穿過漆黑的迷霧（去看），也只能是符合人的思想狀態的（景象）。我們的能力，我們看到的那麼多的事物，都是有限的、狹隘的，但好在我們能看到。」

《海爾梅斯》中也說道：「黑暗勝於光明，生不如死，沒有人會抬眼看一下天，對神虔誠的人被認爲是精神病……一個新的扭曲的社會將產生，人們走向精神混亂。他們的思想言行不再有愛，而是充滿了私心，人們將極度追求物質生活，這種追求將使他們脫離精神世界。一個黑暗的王朝將誕生，人們將被邪惡、腐敗自私的政治家統治，他們只對金錢和權力感興趣。自然會失去平衡，大難將臨頭，因爲人們將自食其果。」

但是，海爾梅斯接著又說：「當所有這一切降臨時，一位上師、父親、上帝、主神，至高無上的創始神將來糾正這一切，他將會把那些走入迷途的人拉回來。水災、火災、戰爭、瘟疫出現，最後清除邪惡。這樣，整個世界將恢復原樣，宇宙又成了一個值得朝拜、尊敬的地方。人們將時刻愛戴、讚美、祝福神。新宇宙誕生了；所

有的一切將被重建，變得美好、神聖。這是上帝的意志。因爲上帝的意志是沒有始點的，他永遠是一樣的，主神將以自己的意志再建這一時代正確的精神道路。」

他在預言裡向我們表達了一個明確的資訊：即爲了讓人們把注意力轉向神，將來有一段時間大自然會失去平衡，人們的生活將失調，其結果將導致人類精神世界崩潰、戰爭、瘟疫、致命的疾病、自然災害、乾旱和各式各樣的災難。

暴君黑手：尼祿弒母的預言

尼祿的母親接受了星占家的預言，也接受了自己的命運，
可是她死得如此不甘。

　　尼祿·克勞狄烏斯·凱撒（西元37～68），羅馬帝
國克勞狄烏斯王朝最後一個皇帝，以暴虐、荒淫著名。他
曾殺死父母、妻子及師長。西元64年羅馬城遭大火，他有
唆使縱火之嫌。在位期間，各地民眾起義不斷爆發，又爲
近衛軍及元老院所唾棄，日暮途窮之下，自殺身亡。

　　尼祿是靠宮廷政變當上皇帝的。西元37年，尼祿出
生於羅馬的貴族家庭，他的母親叫阿格麗品娜，是一個富
於心計、權力欲極大的女人，兒子的出生使她看到了飛黃
騰達的希望。尼祿三歲時他父親就去世了，他的母親後來
嫁給了當時的羅馬皇帝。當了皇后以後，阿格麗品娜便鼓
動老皇帝廢太子，立尼祿爲王儲。爲了防備老皇帝改變主
意，她把老皇帝毒死了。後來，她透過賄賂近衛軍的方式
讓年僅十六歲的尼祿登上了王位。

　　謀殺老皇帝，讓自己的兒子尼祿繼承王位，是阿格

麗品娜一生最得意的傑作，她以爲從此以後羅馬就是自己的天下，她盡可以享受到權勢帶給她的快樂和滿足，但阿格麗品娜萬萬沒有想到，她交給兒子權力的同時，也把殘忍教給了他，而她自己最終也死在這種殘忍之下。

阿格麗品娜擁有相當強烈的權力欲望，企圖用自己的意志來控制尼祿，與他共掌大權，經常以女皇身份自居。她嚴格控制和監視尼祿的言行，甚至連他的婚姻她也要一手操辦，這一切都激起了尼祿對她的反感。起初，尼祿以假裝退位和隱居來威脅母親，並設法使人們對她產生憎恨。一次，在塞內加的建議之下，尼祿在一場亞美尼亞使臣謁見的場合中，以皇帝的身份阻止母親進入會場。

阿格麗品娜沒有想到自己的一切努力竟換來如此的待遇，她揚言要用暴力對付尼祿，並以扶助即將成年的幼弟不列塔尼庫斯來威脅尼祿。55年，不列塔尼庫斯在用餐之後中毒死亡，後人猜測是尼祿所下的毒。

後來，尼祿指控帕拉斯參與一項陰謀，流放了帕拉斯，帕拉斯是阿格麗品娜的朝中密友，此舉無異表明尼祿對抗母親。布魯斯退休後，尼祿提拔提格利努斯爲他新任近衛軍長官。59年，尼祿突然大獻殷勤，邀請母親到坎帕尼亞海邊的拜亞別墅度假。尼祿特別定做了一艘豪華的小

船去接阿格麗品娜，他事先在船上動了手腳，當船在深水中航行時突然沉沒。但阿格麗品娜善於游泳，被路過的漁船救起。阿格麗品娜派她的奴隸向尼祿報安，尼祿得知之後，命人將一把匕首偷偷地藏在奴隸的身旁，然後下令把這個奴隸抓起來，說他是阿格麗品娜派來謀殺皇帝的刺客，便派兵到阿格麗品娜的別館殺死了她。同時，尼祿向全國人宣稱，阿格麗品娜是因刺殺行動曝露而逃離皇宮的。至此，尼祿弒母的預言被證實。

值得一提的是，暴君尼祿一生與星占學糾纏，結了不解之緣。他自幼就受到星占學的教育，已知他的老師有三人：一位是來自亞歷山大城的喀雷蒙（Chaeremon），一位是歷史上著名的作家、斯多噶派哲學家、大名鼎鼎的塞涅卡（Seneca），還有一位就是一個星占學家。

尼祿出生時恰逢旭日東昇，這被認為是大異之兆。據此，星占家據此作出包括關於他將當上皇帝並弒母的預言。他母親曾請星占學家為他算命，星占學家告訴她：尼祿可以當上皇帝，但他成為皇帝之後，卻會弒母！據說阿格麗品娜當時表示：「只要是能做皇帝，殺就殺吧！」後來這一預言果然成真。

北美大陸的霍比預言

霍比預言讓人類敬畏造物主，造物主才是主宰世界的神。

　　北美印第安人不是一個單一的民族，而是由許多不同的部落組成，這些部落之間的語言、文化、歷史彼此相似而又不盡相同。在印第安人民族中流傳著許多預言和傳說，尤其是其中的霍比部落，更被喻為歷史的記錄者。

　　霍比部落是一個古老的印第安部落。「霍比」的原意是「和平的人民」。他們的祖先大約在五千到一萬年前從墨西哥遷移到亞利桑那州。目前，霍比族主要生活在美國亞利桑那州北部的霍比保留地。他們是一個擁有悠久信仰傳統的民族，他們一年四季都會舉行不同的宗教聖典。霍比族從祖先那裡流傳下來許多關於人類的起源，歷史及未來的預言。約在50年代有人把它第一次用英語公佈於世，很多關於歷史如前兩次世界大戰的預言都很準確。

　　霍比文化所涉及的歷史淵源很深。霍比民族在北美大陸的歷史有多久遠還無人能知，據說他們的預言石刻經測定有50000年的歷史。

讓人恐懼的驚魂之域

霍比族認為，我們人類已經過了四次不同的文明交替，他們說：「礦物質、岩石有一個循環週期；植物也有。而我們現在正處在動物循環週期的結束和人類新一輪循環週期的開始。」

霍比族有關人類起源的傳說，和西方《聖經》中的說法有類似之處。剛開始的時候，世界本來是無。造物主首先造了一個被稱為造物主侄兒的神，然後，在造物主的指導下，造物主的侄兒創造了各種固態物質、七個宇宙、水和空氣，之後又用泥土造了四種不同膚色（黃、紅、白、黑）的人，並給了這四種不同膚色人智慧、再生能力和不同的語言，讓他們去不同的方向遷移和生活。造物主的侄兒告訴四色人種：「我給你們的這一切，就是讓你們幸福生活。但有一個要求，你們在任何時候都要尊敬造物主。尊敬造就你們造物主的博愛，只要你們活著，就別忘了這些。」

但是，隨著時間的流逝，人們的私欲越來越大，他們逐漸不再相信造物主，失去了對造物主的尊敬。不久後，造物主為了懲罰人類，就用冰凍把第二世界毀掉。接著，造物主又造了第三世界。從第二世界倖存下來的人就在第三世界裡生活，繁衍後代。可是後來，人們的道德又

下滑了，把自己的創造力用在了邪惡的方面，從而導致第三世界被大洪水毀掉。從洪水中倖存下來的人進入了第四世界。第四世界就是我們現在所處的人類文明。

在前兩次人類文明中，由於人類的腐敗、私心的變重，以及不相信偉大神靈的教誨，從而被造物主淘汰。所以，霍比族認爲，上次大洪水幾乎淹沒了所有人類，只有少數幾個相信偉大神靈的人活了下來，這是偉大的神靈告誡他們要堅信偉大神靈的教誨。於是，霍比族在偉大神靈面前立下了神聖的誓約——我們永遠遵照你的教導去做。對霍比族而言，造物主的天法是永恆不變的。

由於霍比族他們沒有文字，所有的預言都是靠代代以口述之法相傳，因而很多預言都還未被公眾知曉。在美國亞利桑那州奧萊比附近，曾經有一塊被稱爲「預言石」的石刻，所刻畫的內容以象徵手法表達了許多霍比部落中已有上萬年歷史的古老預言。石刻上的內容爲現在的人去瞭解那些未解的預言和神奇的傳說留下更多空間和機會。

讓人恐懼的驚魂之域

聾人聽聞的馬雅2012預言

電影《2012》的熱映讓人們知道了恐怖的馬雅預言，那麼災難真的會在2012年12月22日發生嗎？

　　在馬雅曆法的預言中，「時間的終結是2012年12月22日。地球並非人類所有，人類卻是屬於地球所有。」

　　馬雅人認為第四個太陽紀會在災禍之中結束，而第五個太陽紀象徵了人類的終結。根據馬雅預言上表示，現在我們所生存的地球，已經是在所謂的第5太陽紀，到目前為止，地球已經過了四個太陽紀，而在每一紀結束時，都會上演一齣驚心動魄的毀滅劇情。

　　第一個太陽紀是根達亞文明（馬特拉克堤利）。這是一個超能力文明的時代，人的身高在1米左右，男人有第三隻眼，翡翠色，功能各有不同，有預測的，有殺傷力的等等。女人沒有第三隻眼，所以女人害怕男人。但是女人的子宮有神的能力，女人懷孕前會與天上要投生的神聯繫，雙方談好了，女人才會要孩子。根達亞文明毀於大陸沉沒，但是很少有資料提到過根達亞文明，所以沒有什麼

現代的理論依據。

　　第二個太陽紀是穆里亞文明（奎雅維），馬雅人所推測的地球上的第三次文明，也稱生物能文明。它是根達亞文明逃亡者的延續。穆里亞的先祖開始注意到植物在發芽時產生的能量，這個能量非常巨大，經過一個世紀的改良發明了利用植物能的機器，這個機器可以放大能量。該文明毀於大陸沉沒。但以上只有少數資料有提到過，也沒有什麼現代的理論依據。

　　第三個太陽紀是美索不達米亞文明（伊厄科特爾），美索不達米亞文明是穆里亞逃亡者的延續。但是人們把以前的事忘卻了，超能力也漸漸消失了。在美索不達米亞文明時期，男人的第三隻眼開始消失。他們對飲食特別愛好，發展出各種不同的專家，所以又被稱為飲食文明。美索不達米亞文明發生在南極大陸，毀於地球磁極轉換。但以上只有少數資料有提到過，並沒有什麼現代的理論依據。

　　第四個太陽紀是亞特蘭蒂斯文明（宗德里里克），也稱光的文明。這個文明繼承了上個文明，之所以說繼承是因為亞特蘭締斯來自獵戶座的殖民者。他們擁有光的能力，是在火雨的肆虐下引發大地覆滅。它早在穆文明時期

187

亞特蘭就建立了。到後來這兩個文明還打核戰爭。

第五個紀是我們存在的文明（情感的文明），將會於2012年12月冬至滅絕。馬雅預言也說，從第一到第四個太陽紀末期，地球皆陷入空前大混亂中，而且往往在一連串慘不忍睹的悲劇下落幕，地球在滅亡之前，一定會先發出警告。

前幾個太陽紀都因為證據不足而無法得到證實與合理解釋。

據「卓爾金曆」所言：我們的地球現在已經在所謂的「第五個太陽紀」了，這是最後一個「太陽紀」。在銀河氣候的這一段時期中，我們的太陽系正經歷著一個歷時5100多年的「大週期」。時間是從西元前3113年起到西元2012年止。在這個「大週期」中，運動著的地球以及太陽系正在透過一束來自銀河系核心的銀河射線。這束射線的橫截面直徑為5125地球年。換言之，地球通過這束射線需要5125年之久。2012年12月21日將是本次人類文明結束的日子。此後，人類將進入與本次文明毫無關係的一個全新的文明。

雖然很多民族都有末日預言，但為何馬雅人所說的末日預言會受到人們的重視呢？原因是馬雅曆法的計算非

常準確，他們雖然擁有我們現代的科學技術，但他們對天文及數學的精通令人歎爲觀止。此外，還有很多令人猜不透的謎。馬雅人在他們文明的鼎盛之際不留痕跡地遁去，使後人費盡心機也猜不出其中的原因。

西元2012年，地球也許會走出馬雅預言中所說的「地球更新期」，而完全同化銀河系。歷史的轉輪在不停地運轉著，而活在這段時間中的人們，是否都能在那悄然流逝的時間中，捕捉住那稍縱即逝的亙古玄機呢？

讓人恐懼的驚魂之域

伊莉莎白女王為何終身不嫁

伊莉莎白是一位傑出的女王，她功績卓著，卻一生未嫁，將自己獻給了政治。

伊莉莎白女王一世被普遍認爲是英國歷史上最傑出的帝王。在她當政的45年期間，帶領大英帝國進入「黃金時期」，成爲當時歐洲最富強的國家，英國在軍事上也一躍成爲世界首屈一指的海軍強國。可以說，伊莉莎白女王爲英國的強盛做出不可磨滅的貢獻。

但是，她卻終身未嫁，引起了人們對她的種種猜測，難道守身如玉67年，號稱「嫁給了英格蘭」的伊莉莎白女王從來沒有過正常人的情欲？一生都未有過驚心動魄的愛情經歷嗎？

據記載，伊莉莎白在少女時代曾與英國貴族湯姆斯·西摩爾關係密切，他們之間的關係也一度成爲宮廷的緋聞。但西摩爾追求伊莉莎白主要是想利用她爭奪王位，後因陰謀敗露，西摩爾被殺，他們之間的這段戀情也就告終。在1558年，伊莉莎白在英格蘭新興資產階級和新教徒

的擁戴下，繼承王位成爲伊莉莎白一世。

　　1568年，西班牙國王腓力二世（1556～1598年在位）向伊莉莎白求婚，遭到拒絕。腓力二世曾是伊莉莎白的姐夫，是她同父異母姐姐瑪麗‧都鐸的丈夫。瑪麗與腓力的結合，曾經給英國帶來危害，伊莉莎白認爲腓力向她求婚是爲了吞併英國的計畫。於是，她以雙方的宗教信仰不同爲由，委婉地拒絕了腓力的求婚。1578年，伊莉莎白女王45歲的時候，法蘭西國王亨利二世的四弟——年僅20歲的安如公爵向她求婚。據說伊莉莎白女王當時答應了求婚，但在即將舉行婚禮的前幾天，突然取消婚約，伊莉莎白是這樣解釋的：「我無須再選擇佳婿結婚。因爲我在舉行加冕典禮時，已將結婚戒指戴與我國臣民的手上，意即我將與全體臣民爲伴，將我的生命與貞潔獻給英國。」

　　這次拒婚差點使伊莉莎白女王喪命。因爲伊莉莎白是新教徒，在羅馬天主教皇的眼裡，她繼承王位是不合法的，合法繼承人應是蘇格蘭的瑪麗‧斯圖亞特女王。瑪麗‧斯圖亞特是蘇格蘭詹姆士五世與法國蓋斯家族的瑪麗所生的女兒，也是英王亨利七世的曾孫。而安如公爵則是蘇格蘭女王的母親瑪麗‧蓋斯的外甥。伊莉莎白的悔婚，使瑪麗‧蓋斯極其惱怒。她發誓要給伊莉莎白還以顏色。

讓人恐懼的驚魂之域

一襲來自法國的絲裙，毒死了伊莉莎白的女官。驚魂未定的伊莉莎白決定反擊。她派親信前往蘇格蘭引誘瑪麗·蓋斯，然後在床上殺了她。

以後，伊莉莎白又陸續拒絕了其他一些國家王公貴族的求婚，如瑞典王艾力克、羅馬皇儲查理大公等等。

人們一直相傳，伊莉莎白一世雖然終身未曾婚嫁過，但她一直都有個情人。這個神祕的情人就是當時大英帝國的萊斯特伯爵——羅伯特·達德利。伊莉莎白與達德利是青梅竹馬的玩伴。兩人之所以沒能締結良緣，是因為達德利早已結婚，女王當然不能嫁給達德利。據說，伊莉莎白女王與達德利長年保持著通信關係，女王喜歡在信中稱呼他為「甜蜜的羅賓」，並給他取了個昵稱：我的「眼睛」。美國的福爾傑莎士比亞圖書館曾公開展覽過達德利寫給伊莉莎白一世的一封情書。這封情書是達德利正在海上指揮英國艦隊與西班牙艦隊交戰間隙寫給女王的。在這封情書中，達德利稱伊莉莎白為「最最甜蜜的女王陛下」和「我最最親愛的女王」，並且感謝「甜蜜的」女王給予他「最偉大的安慰」，落款「R·萊斯特」。這也是他給其他人寫信從來都沒有用過的落款。

不幸的是，達德利後來在一次戰役中英勇犧牲。達

德利戰死在沙場，他的死訊令伊莉莎白女王幾乎崩潰。女王把自己鎖在臥室裡，好幾天不眠不食。最後英國財政大臣和其他內閣大臣不得不破門而入，將女王抬出臥室。

其實，女王並非沒有感情，只是王室婚姻包含了太多的陰謀詭計和利益捨取，這可能是女王終身未嫁的原因。翻開歐洲的歷史，從古至今，各國王室的婚姻都與國家的政治、經濟、國際關係、對外戰略密切相連，很難由當事人自己做主。伊莉莎白並非是因為生理殘疾，也並非是她太挑剔，而是因為她睿智，她早已把王室婚姻看得太透、太穿。所以她選擇了一直單身，一生致力於英國的強大、昌盛。

伊凡雷帝 殺子之謎

伊凡雷帝是俄國的第一位沙皇，以暴虐成性而聞名，他真的殺死了自己的兒子嗎？

俄國著名畫家列賓曾創作過一幅《伊凡雷帝殺子》的油畫：在灰暗壓抑氣氛籠罩下的畫面上，奄奄一息的皇太子伊凡頭無力地靠在父親的胸前，伊凡雷帝驚恐地摟著兒子，他用一隻蒼老的、血管突出的手抱著伊凡的身體，另一隻手緊緊按住兒子流血的傷口，試圖挽回兒子的生命。但死亡的陰影已經籠罩著伊凡，他無力地支撐在地毯上，用一雙絕望而寬恕的眼睛看著衰老的父親，而伊凡雷帝的雙眼中充滿著悔恨，兩人的眼神形成了強烈的對比。

整幅畫有著一種攝人心魄的藝術魅力，它也記載了俄國歷史上的一個傳聞：俄國沙皇伊凡雷帝盛怒之下，用鐵頭權杖刺中太子伊凡的太陽穴，後者不治而死。但是在其他歷史著作和傳記中對該事件的記載卻與此大相逕庭。

那麼，伊凡雷帝是何許人物呢？

伊凡四世是俄國歷史上第一任沙皇，16世紀俄羅斯的專制統治者。他生性殘暴，17歲時殺死握有實權的攝政

王，自立爲帝。爲了鞏固政權，曾毫不留情地屠殺所有反對他的政敵，鎭壓叛亂、絞死主教。他的政權是建立在恐怖基礎上，所以世稱「伊凡雷帝」，即「恐怖的伊凡」。

俗語說：「虎毒不食子」，伊凡雷帝卻被懷疑親手殺死了自己的兒子。人們爲什麼會懷疑伊凡雷帝呢？主要是伊凡雷帝的性格非常殘忍。伊凡雷帝還是個孩子時就經常把捉住的小鳥一刀一刀地殺死，或是站在高高的牆上，將手中的小狗摔死，從而發洩心中的不滿。而在他13歲的時候，就放出豢養的惡狗，將執掌朝政的皇叔伊斯基活活咬死，曝屍宮門。而當他剛登上皇位後，爲了加強皇權，就在全國範圍內實行恐怖政策，懲罰反對皇權的大貴族，也不可避免地殺害了許多無辜的平民，用尖椿刑、炮烙、活挖人心、抽筋剖腹等酷刑處死了數萬人，得到了「雷帝」的稱呼。他的暴政和獨裁不僅使遭到鎭壓的大貴族們心懷怨恨，也引起了廣大人民的強烈反對，就連沙皇身邊的人，也有「伴君如伴虎」的危機感。

關於伊凡太子的死因有著不同的說法，最普遍的一種是：從1581年起，伊凡雷帝開始懷疑太子有奪取皇位的嫌疑，多疑的性格使這種想法日益強烈，父子關係也因爲他的提防而緊張起來。11月15日，伊凡雷帝看見伊凡妻子

葉蓮娜僅穿一件薄裙在宮中走動，違反了俄國婦女至少要穿三件衣裙的慣例，勃然大怒，動手打了兒媳，使懷孕的葉蓮娜當即因驚嚇流產。太子伊凡聞訊後，對伊凡雷帝大吼大叫，這激怒了伊凡雷帝，他一邊大罵「你這個可恥的叛徒」，一邊舉起鐵頭權杖向兒子刺去，正中伊凡的太陽穴，最後伊凡終因傷勢過重而死去。法國傳記作家亨利‧特羅亞在《一代暴君——伊凡雷帝》中也記述了這一事件。

　　前蘇聯歷史學家斯克倫尼尼科夫對此卻有不同的看法。他認為1581年11月15日，伊凡父子雖發生激烈爭吵，但父親只是用權杖在兒子身上敲了幾下，並未造成致命的傷害。太子伊凡主要因喪子和恨父所導致心理極度悲傷，以致突發癲癇病，後又繼發熱病死亡的。這個觀點的主要論據是伊凡雷帝在1581年11月9日的信中曾談道：「兒子伊凡病倒了，今天他仍在病中。」因此可以證明伊凡是病重而死，而非父殺。

　　當然，歷國歷代宮廷內部都充滿了血雨腥風，父子相殘、兄弟反目的事情層出不窮。伊凡雷帝有沒有殺死自己的親兒子，至今尚無定論，只有讓歷史來慢慢尋找真實答案了。

法國斷頭臺殺了幾個人

法國的斷頭臺是一個駭人聽聞的工具，從它「青澀出道」
直到「光榮退役」，多少人死於它的刀下呢？

在法國的巴黎博物館中，陳列者一個血跡斑斑的斷
頭臺，提起斷頭臺，人們常常會把它和法國大革命聯繫起
來。斷頭臺上所浸淫著每一滴血，都可以講述法國大革命
時的一個故事，在它身上，記在下了法國大革命的歷史。

這個斷頭臺是法國大革命時期一個名叫約瑟夫·伊
尼亞斯·約吉坦的人發明的。在當時，斷頭臺不是一種殘
忍，反而是一種進步。法國大革命以前，法國當局對死囚
的行刑事處以車裂之刑。可是，這種刑法的場面卻極為殘
酷，令人慘不忍睹。據說，當年曾有一個法國青年失手殺
死了自己的父親，被處以車裂之刑。在行刑前，他向親人
道別，淒慘的場面令圍觀者無不為之動容。於是，他們燒
毀了刑具，釋放了年輕人，並大聲呼籲不要再使用如此殘
忍的行刑方式，希望當局能夠對這種刑具進行改革，以減
輕犯人的痛苦。改用新刑的決議很快被通過了，新的行

讓人恐懼的驚魂之域

刑方式爲絞刑，但它也不能讓犯人無痛苦地死去。

在一次議會會議中，制憲議會會員約瑟夫・伊尼亞斯・約吉坦醫生在會上慷慨陳詞，要求改進對犯人的行刑方式，以避免過於殘酷的行刑場面和減少犯人的痛苦。他的演說感染了議員們，於是會議決定由約瑟夫親自擔負起刑具改革任務。

1790年4月的一天，約瑟夫偕夫人去巴黎的木偶劇院觀看演出，劇中的一個情節啓發了約瑟夫：他看到劇中一個布袋木偶的腦袋被飛速旋轉的機器快速地割下。一個想法在他的腦中立即形成。1791年5月3日，他透過議會會議再次討論了刑具改革的有關事宜，通過了改用斬刑的決議，並爲此成立了專門的委員會。約吉坦爲製造一種新的斬首機器，還專程請來德國的能工巧匠多皮亞斯・施密特進行新刑具的設計、製造工作。沒過多長時間，他們就製造出了一台快速斬首機，並在進行活羊斬首實驗成功以後立即投入使用。

然而，沒過多久，新的刑具就出現了問題，那就是刀鋒非常容易倦刃。據說，當時的法國路易十六國王聽說此情後，立即召見有關人員，還建議將斬刀改爲三角形，並親自在圖紙上進行了修改。也許他想得更多的是，如何

利用此刑具來對付自己的反對者。

　　沒想到，歷史卻跟他開了個大玩笑，在新鍘刀修改好正式使用了9個月後，路易十六自己就走上斷頭臺，用自己「高貴」的血滋潤了這台嗜血的刑具。路易十六表面上擁護大革命建立的君主立憲政體，背地裡卻陰謀復辟君主專制，最後他以通敵叛國的罪名被處死，於1793年1月被送上斷頭臺。從唯心主義的觀點來看，這也許是天意。

　　1792年4月25日，經過修改後的斷頭臺再次被正式使用，當天就成功地拿一個強盜的腦袋開刀，以後就成為法國執行死刑的標準利器。很快民間就以這個裝置建議者的名字給它命名，號為「約爾坦」，或者叫做「寡婦」、「處女」、「小姐」等等的女性名稱，有的也叫「國家剃刀」。

　　法國大革命後期，隨著內戰以及外國干涉戰爭的爆發，法國陷入了一輪政治大恐怖時期。能夠快速準確執行死刑的斷頭臺開始了高速運轉，一個又一個的人被推上斷頭臺：法國大革命時期雅各賓派的著名領導人羅伯斯庇爾、丹東等，法國著名的化學家拉瓦西等等，有名的無名的，高貴的低賤的，在斷頭臺上通通地位平等。在拉瓦西被砍頭後不久，法國著名的數學家、力學家拉格朗日痛心

疾首地仰天長歎：天才的科學家拉瓦西的頭顱瞬間就被砍掉了，可是100年也產生不出一顆像他那樣的頭顱。你可知道拉瓦西為什麼會被推上斷頭臺嗎？他被判死刑的罪名居然是因為「使市民饑餓」，如此理由真是令人難以置信。

據統計，從斷頭臺誕生之日起到它「光榮退役」，歷時200多年，共砍下頭顱5000多顆。1981年，法國總統密特朗宣佈取消死刑，斷頭臺終於完成了其歷史使命，被送進了歷史博物館。每一天，都會有來自世界各地的人到法國旅遊，去博物館參觀。在今天的人們看來，這個大革命時代的產物，仍然讓人不寒而慄，看見它，人們彷彿就能感受到那個風雲激蕩時代的恐怖氣氛。

鐵面人 之謎

鐵面人是一個傳奇的人物，誰也沒有見過他的真正面目。

　　法國的「鐵面人」是人類歷史上最富傳奇色彩的人物之一。1929年英國的電影公司根據法國著名作家大仲馬的小說《布拉熱洛公爵》進行改編，首次將「鐵面人」的故事搬上銀幕，在當時引起了轟動。1939年和1998年美國的電影公司又兩度將其搬上銀幕，電視劇也是進行了多次翻拍。那麼，這個神祕的「鐵面人」究竟是誰呢？

　　話說1789年7月14日清晨，成千上萬的巴黎市民拿著火槍、長矛、斧頭憤怒地向巴士底獄奔去，吶喊著摧毀了巴士底監獄。在監獄的入口處，人們發現了一行字，上面寫著：囚犯號碼64389000，鐵面人。但鐵面人到底是誰？卻無從考證，從此囚犯的身份成了一個永遠的謎。

　　最早在作品中提到「鐵面人」的是法國思想家、哲學家伏爾泰，在他的名著《路易十四時代》一書中，有這樣的記述：1661年，聖瑪格麗特島上的一座城堡迎來了一位特殊的客人，那是一個身材頎長、舉止典雅的年輕人。

讓人恐懼的驚魂之域

之所以說他是特殊的客人，是因為他的頭上被罩著一個特製的鐵皮面罩。無論是在其被祕密押解的途中，還是在被囚禁期間都被嚴令禁止摘掉，因此，從來沒有人見到過這個年輕人的真正面目。

在聖瑪格麗特島上關押了一段時間後，這個年輕人又被祕密押送到了巴士底獄。雖然巴士底獄是令人不寒而慄的政治犯監獄，然而在那裡，年輕人卻受到了特殊的待遇，生活條件良好：頭等的飯菜，精美的衣著，還允許他彈奏他心愛的樂器——吉他，並且還定期為他檢查身體。由於年輕人對自己的身世守口如瓶，所有的監護人員對他的瞭解也僅限於身材優美，皮膚略帶棕色，舉止文明，談吐風趣。1703年，這個在監獄中度過了大半生的神祕人突然死去，當晚便被葬在聖保羅教區。隨著他的神祕離世，他原本神祕的身世也似乎更加神祕了。

伏爾泰的記述到此為止，此外再無更多的資訊。伏爾泰還曾說過：「這個囚犯無疑是個重要的人物」，「他被送到聖瑪格麗特島時，歐洲並沒有什麼重要人物失蹤。」以上種種對於「鐵面人」的描述，為後人留下了無限的想像空間。

那個神祕的「鐵面人」究竟是誰呢？據說在18世

聳人聽聞的
離奇巧合事件

紀，法國國王路易十五、路易十六都曾下令調查過「鐵面人」，但調查的結果卻無人知曉。只是傳說路易十六曾明確表示，要嚴守「鐵面人」的祕密。

幾個世紀以來，人們對「鐵面人」身份的猜測眾說紛紜，概括出來，有以下幾種。

第一種猜測認為，「鐵面人」是路易十四的生父多熱。路易十三和王后安娜婚後不和，長期分居，後經擔任首相的紅衣大主教黎塞留從中調解，重歸於好。但此時的安娜在與一貴族情人交往中已身懷六甲，不久即生下了路易十四。為了掩住馬腳，安娜的情人、路易十四的生父只得流落他鄉。路易十四登基後，其生父偷偷返回，向兒子乞求賞賜，路易十四既怕醜聞暴露，又不忍心加害生父，於是，就有了一個戴面罩的終身囚徒。

第二種猜測認為，「鐵面人」是當時的法官兼員警拉雷尼。拉雷尼的權叔帕‧科其涅是一位著名的醫生，在宮中服侍路易十三的妻子安娜。路易十三死後，他奉命解剖屍體，誰知竟然發現死者並非路易十四的生父，他將此事告訴了拉雷尼。路易十四得知後，為防止醜聞外泄，於是下令逮捕拉雷尼並給他帶上鐵面罩，以防止被人認出來。

讓人恐懼的驚魂之域

第三種說法認為，「鐵面人」是路易十四時期的財政大臣富凱。富凱是路易十四的寵臣，1661年他以侵吞公款罪被捕入獄。路易十四主張將他處死，有人認為，突然死亡的並不是富凱，而是他的僕人，富凱則在面罩下活著。

　　第四種觀點是由法國歷史學家托拜恩提出的。他認為「鐵面人」是義大利的馬基奧里伯爵。當時路易十四曾經企圖將義大利曼圖亞斯公爵領地的卡贊列要塞據為己有，並答應公爵在事成之後給公爵10萬艾克。公爵在慎重考慮之後派自己的親信馬基奧里伯爵前往法國談判。為了陰謀得逞，路易十四企圖用金錢賄賂馬基奧里，沒想到，馬基奧里不為金錢所動，反而將此事告訴了公爵夫人。但由於公爵夫人與路易十四有曖昧的關係，因此路易十四很快就逮捕了馬基奧里，將其變成了階下囚。

　　無論哪種觀點，似乎都有一定的道理，但同時也有很多的漏洞。時至今日，「鐵面人」的身份依然是個謎，我們也只能根據電影中的故事去想像了。歷史為後人留下了太多的難題，也許有些難題將永遠無法解開。

愛德華八世放棄王位之謎

不愛江山愛美人，英王愛德華八世為了佳人而放棄了王位，讓人不得不感歎愛情的力量。

　　浪漫電影中常常出現「不愛江山愛美人」讓人心動的情節。然而現實世界中，面對權與利，英王愛德華八世卻做出了這一驚人之舉。1936年12月11日，愛德華八世自願放棄王位，而與一個曾兩次離婚的平民婦女結婚，確實讓人驚歎。

　　愛德華八世生於1894年，他是喬治五世的長子，當今英國女王伊莉莎白二世的叔叔。1910年，愛德華16歲時，被封為「威爾士親王」（英國皇太子的稱號），然後，去牛津大學鍍金。

　　第一次世界大戰爆發後，愛德華投筆從戎，應徵入伍。1915年，隨部隊開赴法國前線，後來又隨軍到過義大利、埃及、蘇丹等國，1918年退伍返回倫敦。回到倫敦不久，正好碰上德國飛機前來狂轟濫炸。愛德華在防空洞裡躲空襲時，結識了一位自由黨議員的妻子沃德夫人。兩人

讓人恐懼的驚魂之域

相見，迅速保持了一種密切的關係，這種關係從1919年起一直保持到1934年，長達16個春秋。1930年，透過弗勒斯夫人，愛德華又結交了一位已婚婦女沃麗絲──一位英國鉅賈的妻子。

沃麗絲叫沃麗絲・沃菲爾德，她的第一個丈夫是美國海軍軍官。1927年離婚後，她東渡大西洋，來到倫敦，和鉅賈辛普森先生結了婚。沃麗絲比愛德華小兩歲，她既沒有漂亮的容貌也沒有超人的才華。可是王子在倫敦第一次遇到沃麗絲時，就為她通曉事理、舉止瀟灑的風度所傾倒，沃麗絲雖已近中年，但依然窈窕如初。王子對沃麗絲一見傾心，為了進一步討得沃麗絲的歡心，先後從王室的珠寶庫中，悄悄拿出價值十萬英鎊的黃金、玉器、鑽石、首飾等英國王室的傳世之寶，送給沃麗絲；王子還覺得不盡心意，又把一顆價值連城的祖母綠珠寶也弄了出來。

但是父母、王室、內閣及各自治政府上上下下竭力反對王子的這一舉動。身患重病的喬治五世曾滿懷憂慮地對首相鮑爾溫說：「我死之後，這個孩子很快就會把自己毀掉！」

1936年，英王喬治五世駕崩。王儲按王位繼承法，繼承王位，封號愛德華八世。年輕的國王文武兼備，精力

過人，確實是君臨天下的合適人選，英國人為自己國家有這樣一個賢明的新國王額手稱慶。愛德華八世王登基不到一年，就在1936年11月提出要與沃麗絲結秦晉之好。英國王室、政府、議會兩院大驚，因為這極其不符合王室遴選后妃的慣例。英國首相鮑德溫代表政府、王室、議會提出：英國不能接受一個美國人為王后，國王只能在王位和沃麗絲之間作選擇，如一定要與沃麗絲結婚，就必須辭去王位！愛德華八世經過幾天考慮，作出決斷：堅辭王位，與沃麗絲結婚！

　　1936年12月10日，剛繼承了325天王位的愛德華八世向全國人民宣告退位。他的遜位講話中有這樣一句：「沒有我所愛的那個女人的幫助和支持，我感到我不可能承擔肩負的責任。」為了一個結過兩次婚的美國婦人，愛德華拋棄了王位。從此，世上少了一個國王，而溫莎公爵和沃麗絲卻成了人們心中一個永恆的愛情神話。

　　1937年，愛德華八世的弟弟約克公爵繼位為王，稱號喬治六世。43歲的愛德華八世辭去王位後，受封為溫莎公爵。不久，即與沃麗絲在法國順利成婚。二人婚後，雙宿雙飛，恩愛無比。公爵被任為英國駐法軍事代表團成員，參與軍機。法國敗亡後，公爵攜帶夫人轉往西班牙。

讓人恐懼的驚魂之域

後來被任為大英帝國巴哈馬總督，於1940年7月遠渡重洋赴任。1972年，溫莎公爵無疾而終，老死泉林，享年78歲。

1986年4月24日，沃麗絲因肺炎在巴黎郊外逝世，享年90歲，他們之間動人的愛情故事也暫告一個段落。但是作為「歷史上偉大愛情一例」，它將永遠被人們津津樂道。

人們對愛德華八世「不愛江山愛美人」的舉動有著不同的看法和猜測，對此褒貶不一：有人認為，王子是受「現代派思潮」影響，要以此來衝擊腐朽的君主制度；也有人認為是王子承受不住沃麗絲美色的引誘；還有人認為王子是為了真摯的愛情。更讓人無法理解的是沃麗絲從來不公開地為溫莎公爵辯解，也不為自己洗刷冤屈，是被世俗和禮教所束縛，還是另有隱私？有朝一日人們也許可以瞭解這愛情的真正意義，也希望人們會從他們已公佈的80多封情書中發現什麼。

水門事件之謎

水門事件是轟動世界政壇的一個醜聞，尼克森也因此聞名世界。

提起尼克森這個名字，人們首先想到第一個走進中國的美國總統，接下來便是另一個家喻戶曉的政治醜聞「水門事件」。水門事件（Watergatescandal）是美國歷史上最不光彩的政治醜聞之一。其對美國本國歷史以及整個國際新聞界都有著長遠的影響。

1972年11月，美國總統理查·尼克森以壓倒性優勢獲得總統連任，但就職典禮之後不久，1974年8月8日，尼克森成為第一位辭職的美國總統。尼克森的辭職在很大程度上是因為「水門事件」醜聞。

在1972年的總統大選中，為了取得民主黨內部競選策略的情報，1972年6月18日凌晨2點半，以美國共和黨尼克森競選首席安全問題顧問的詹姆斯·麥科德為首的5人闖入位於華盛頓水門大廈的民主黨全國委員會辦公室，在安裝竊聽器並偷拍有關文件時，當場被捕。

讓人恐懼的驚魂之域

事件被揭發後，尼克森否認他曾參與這起事件，在第一次競選連任的記者招待會上，他信誓旦旦地向美國公眾表示：「白宮班子和本屆政府中，沒有一個現在受雇用的人捲入這一荒唐事件。」一系列的活動，特別是總統的表演，暫時欺騙了公眾。在11月的大選中，尼克森以少有的壓倒性優勢擊敗了民主黨候選人麥戈文，獲得連任。

　　實際上「水門竊聽案」案發之初並未得到媒體足夠重視，連審理此案的法官也並未關注這起事件，法庭只是走個過場。但《華盛頓郵報》兩個年輕的記者鮑勃‧伍德沃德和卡爾‧伯恩斯坦似乎嗅出了一些具有報導價值的獨特味道，因為在法院旁聽的時候他們親耳聽到有一名嫌犯任職於「中央情報局」，而他們搜索到的一個嫌犯的通訊錄上竟然有「白宮」兩個字眼。更讓人不解的發現是，水門案中的一個嫌犯曾打過很多電話給尼克森的一個競選辦公室。

　　幾天之後，兩位記者任職的《華盛頓郵報》頭版以醒目標題爆出新聞：「白宮顧問與水門竊賊有染。」此條新聞立即招來白宮強烈不滿。但政府越反應強烈，給人的嫌疑感越大。在窮追不捨的報導下，高院也決定重審「水門竊聽案」。

為了挽回局面，尼克森再次發表聲明，表示事先不知道水門事件，事後也沒有任何阻撓調查的行為，並為竊聽活動辯護，說這些都是為了國家安全，是合法的。在隨後對這一案件的繼續調查中，尼克森政府裡的許多人被陸續揭發出來，並直接涉及尼克森本人。

　　不久，水門事件委員會掌握了一個新的情況：尼克森從1971年年初起，為了記錄與手下的談話和電話內容，下令在白宮辦公室裡安裝竊聽系統。委員會要求尼克森交出有關的錄音帶和檔案資料。尼克森以行政特權為理由拒絕交出，並將事情鬧到上訴法院。不料，在經過三星期的考慮後，多數法官認為總統也要受法律的約束，必須交出錄音帶和檔案資料。

　　1973年10月23日，美國眾議院決定由該院司法委員會負責調查、搜集尼克森的罪證，為彈劾尼克森作準備。1974年6月25日，司法委員會決定公佈與彈劾尼克森有關的全部證據。7月底，司法委員會陸續透過了三項彈劾尼克森的條款。8月5日尼克森交出了三卷錄音帶，有一卷錄音帶上清楚地記錄著水門事件發生後六天，尼克森指示他的助手，讓中央情報局阻撓聯邦調查局調查水門事件，這是尼克森掩蓋事實真相的鐵證。

面對不可避免的彈劾，1974年8月8日晚上，尼克森不得不向全國發表電視演說，宣佈辭去總統職務，成爲美國歷史上第一位，也是迄今唯一一位因醜聞而中途下臺的總統。

　　不過，「水門事件」的背景至今眾說紛紜。尼克森政府的白宮辦公廳主任霍爾德曼稱，「在水門事件這場悲劇裡，有兩個主要的謎」。首先是誰、爲了什麼下令破門而入的？其次，更爲重要的是，這個微不足道的破門偷竊事件，或者按尼克森的說法，這個「三流企圖盜竊案」，怎麼會發展成爲美國政治史上一次最大的醜聞，並最終迫使尼克森辭職的？

　　「水門事件」曾震驚海內外，也是尼克森總統政治生涯的「滑鐵盧」。有關「水門事件」的錄音帶共長達240個小時，它如實記錄了尼克森和其高級助手之間的祕密談話，內容涉及1972年白宮工作人員闖入水門大廈民主黨總部內安裝竊聽器，隨後又企圖進行掩蓋的種種行跡。

　　2000年1月21日，美國國家檔案局首次公開出售導致前總統尼克森下臺的「水門事件」錄音帶。這在美國引起了軒然大波。人們原本以爲「水門事件」終於能夠水落石出，但未曾料到，在這卷錄音帶中，有18.5分鐘被尼克森

聾人聽聞的
離奇巧合事件

的女祕書羅絲・伍茲故意洗掉了。伍茲在接受調查時沒有解釋清楚她為什麼要這麼做。伍茲已於2005年1月22日去世，生前未向人透露這18.5分鐘錄音的內容，於是，原本就謎一樣的「水門事件」更憑添了幾分神祕，也許這些內容將成為永遠的祕密。

讓人恐懼的驚魂之域

法國王冠鑽石失蹤案

法國王冠上的鑽石曾經那麼的光彩奪目，然而它們卻在混亂中神祕失蹤，失去了下落。

　　法國王冠上有世界上最美麗的鑽石與珠寶，每逢聖馬丁復活節的星期二，在保安員警的監護下，巴黎人民才可在陳列櫃前匆匆走過，觀賞珍寶。歷代法國工匠都為王冠添上新的珠寶感到榮幸，這些稀世珍寶，歷來都是保存在珍寶貯藏室裡。自從路易十六執政以來，這些珍寶就交給忠誠可靠的克雷圖看管。

　　1789年法國爆發資產階級革命，法王路易十六表面接受立憲政體，實則力圖絞殺革命。1791年6月20日路易十六偕同王室逃至法奧邊境瓦倫，兩天後被群眾押回巴黎，歷時一千五百多年的法國封建王朝從此崩潰。

　　幾天之後，法國制憲議會一位議員向公眾提出了警告，提醒人們內外敵人正在試圖奪取王冠上的鑽石。在議員的警告下，制憲議會組成了由3位議員和11位專家參加的專門委員會，負責清點保存法國王室的稀世珍寶。經

過3個月的緊張工作，委員會共清點出鑽石9547顆，總值達3000萬法郎之巨。此後，每星期一人們都可參觀這些珍寶。然而負責看管的克雷西對此卻十分擔心，他怕給不法之徒們以可乘之機。可是不知爲什麼，克雷西的職務很快被吉倫特派領袖羅蘭的心腹雷斯圖所代替。

1792年9月，路易十六因陰謀復辟而被廢黜。此時，法國處在危機之中，外部面臨歐洲聯盟的入侵，國內各派爭鬥激烈，到處是失業與饑荒、恐怖與暗殺。在這嚴峻的時刻，爲了安全起見，珍寶貯藏室被貼上了封條。但令人驚奇的是，這麼多奇珍異寶竟然無人看守。9月17日，內務大臣羅蘭在國民議會突然宣佈：「珍寶貯藏室門被撬，鑽石全部遭竊！」這個消息震驚了法國人民。

據稱，自9月11日深夜至14日深夜，盜匪3次光顧珍寶貯藏室，無人覺察。在16日當盜匪第四次盜竊時才被國民自衛軍巡邏隊抓獲。至此，羅蘭才於17日宣佈鑽石失竊。

這起駭人聽聞的盜竊案，確實令人深思。爲什麼議員會事先提出珍寶被盜的警告？爲什麼忠實可靠的克雷西被撤職？爲什麼不多派人看守珍寶貯藏室？爲什麼會連續發生4次盜竊案？誰是幕後策劃者？

讓人恐懼的驚魂之域

盜竊案發生後，內務大臣羅蘭指控他的政敵、國防大臣丹東及丹東的朋友應該負責，丹東又反過來指責羅蘭和羅蘭的朋友應完全負責，各派唇槍舌劍，指責對方。

　　9月21日，刑事法庭審判了抓獲的2名盜匪，並判處他們死刑。次日死刑即將執行的時候，一個臨死的囚犯向庭長供出了藏在他家廁所的一袋共有一百多顆的鑽石。不久，員警又抓住了一個叫勒圖的竊賊，在他的供認下，員警又抓住了一個17歲的盜匪。這個年輕人的父親得知兒子入獄時，聲稱要揭發一樁聳人聽聞的案子。但是第二天早上，他就被人毒死了，他的兒子也死在監獄。這一連串的事情，使人莫名其妙。

　　路易十六因陰謀復辟而被廢隱藏著什麼樣的祕密呢？這些問題，在珍寶失竊的1792年9月，法國正處於內憂外患、形勢危難之際。當時法國正在進行瓦爾密戰役，很快就因敵方撤軍而取得了勝利。從戰略上講，敵方指揮官不應發佈撤退命令。這使人懷疑在戰線後是不是進行了某種交易。事實上，當雙方軍隊打仗時，舉行了某次祕密會議，法國得花一大筆錢，以換取敵方撤軍。8月11日，法國特使就已答應付給從杜伊勒利宮掠奪來的3000萬法郎，然而貪得無厭的敵人想要更多的錢。法國議員帕尼斯

聳人聽聞的
離奇巧合事件

知道這筆交易後，就建議從珍寶貯藏室找差額部分。他的建議被採納了。9月17日，羅蘭宣佈珍寶貯藏室失竊一周後，敵我雙方舉行了瓦爾密會議，於是出現了瓦爾密戰役神祕的勝利。

　　人們只知道拿破崙指揮瓦爾密戰役的勝利，拯救了巴黎和法蘭西民族，然而，瓦爾密戰役勝利的奧祕，過去、現在以至將來也永遠不會被揭開。法國王冠上鑽石失蹤的祕密究竟與瓦爾密戰手的蹊蹺勝利是否有關呢？這也是一個未解之謎。

讓人恐懼的驚魂之域

真假公主 之謎

她是公主，全家慘遭殺害，但卻找不到她的屍首。安娜西斯塔婭，到底是生還是死？

1917年2月中旬，一場革命在彼得格勒爆發了。在布爾什維克的領導下，彼得格勒起義工人和士兵很快就取得了勝利。彼得格勒起義勝利的消息，推動了其他城市和前線士兵的起義。統治俄國達300年之久的羅曼諾夫王朝終於被革命力量推翻。

1918年俄國沙皇尼古拉二世的家庭成員都被逮捕，押送到烏拉爾地區。不久以後，尼古拉二世全家（包括皇后、22歲的女兒奧爾加、21歲的女兒塔吉揚娜、19歲的女兒瑪麗亞、17歲的女兒安娜斯塔西婭、13歲的有先天性血友病的兒子阿列克謝），以及他們的醫生、廚師和皇后的女傭，都被執行槍決。行刑隊槍決後把這些人丟到廢礦井用硫酸處理後又用汽油燒毀了。

1920年2月，在歐洲梅克佳堡有一位叫巴巴拉的公爵夫人自稱是沙皇尼古拉二世的幼女安娜塔西婭公主，她以

繼承人的身份向政府索要俄國沙皇在英國銀行的存款及皇后的珠寶。這則消息使整個世界為之震驚。

然而，在這件事情還沒有水落石出的時候，在美國又有一位安娜‧安德森夫人宣稱自己才是安娜塔西婭公主。一時間，世界所有報紙的頭條都在報導這些消息。眾所周知，沙皇一家在「二月革命」時全都被捕，「十月革命」後被集體槍決，怎麼會在幾年後又出現了活著的公主呢？而且一下就是兩個。就算其中的一個是真正的公主，那麼當年她是如何從槍口下逃脫的呢？

1924年，蘇聯政府派索霍洛夫負責調查皇室滅門案，索霍洛夫後在巴黎出版《俄國皇帝一家被殺的司法調查》，以及1926年蘇維埃政府出版《沙皇最後的日子》的官方報導，都沒有對安娜斯塔西婭的生死都做出明確的解釋和說明。

當新聞的爆炸性漸漸平息的時候，在梵蒂岡修道院做了20年總管的修女帕斯庫亞麗娜在臨終前向人披露了一個祕密，那就是在1928年西伯利亞的葉卡特琳堡落入紅色衛隊手中時，俄國皇室的成員並沒有全部被擊斃，僅僅是沙皇、皇后和王子阿列克謝被槍殺。四位女公爵全都死裡逃生，並幾次受到梵蒂岡教皇的祕密接見。

讓人恐懼的驚魂之域

雖然這個祕密與安娜·安德森夫人當年所陳述的相距甚遠，但使人們再次將視線落到安娜·安德森身上。雖然屢被質疑，但安娜·安德森一直沒有放棄過證明自己的身份，並爲之奮鬥了60年。人們對此案的疑惑一直未能消除：到底誰說的是真的呢？假如帕斯庫亞麗娜修女說的是真的，安娜的姐姐們都還活在人世，爲什麼不出來爲她作證卻要保持緘默呢？如果安娜·安德森在冒充公主，爲何要爲證明自己的身份而堅持了60年呢？安娜公主的身份之謎也許又會成爲一個永世之謎。

　　1991年，考古學家在烏拉爾地區發現了沙皇家族被殺的殘骸，令他們吃驚的是，小公主安娜斯塔西婭和王子阿列克謝的屍骨並未找到。有人分析指出，阿列克謝患有血友病，身體狀況很差，他可能在逃亡的路上就死去了，即便不是這樣，他的生命也不會持續太長。而小公主安娜斯塔西婭的去向卻令人迷惑不解。

　　1995年，一個老太太自稱她是真正的「末代公主」。2000年這個年近百歲的「公主」宣稱：1917年俄國革命前，她父親尼古拉二世早將大筆金錢和黃金運送到歐洲的幾家銀行，作爲倖存的繼承人，她有權繼承這筆龐大遺產。據悉1917年尼古拉二世被推翻前兩個月，他就和妻

子將他們的私人財產裝滿150只大箱子，用一艘英國軍艦經由摩爾曼斯克運往了英國。據稱1917年3月沙皇被推翻後，這批黃金被中途運轉的國家給沒收了。儘管如此，仍有價值連城的沙皇遺產至今仍沉睡在歐洲銀行的金庫裡。這名「末代公主」稱，如果這筆財產被追回，她願意將其全部捐贈給俄羅斯國庫。

近一個世紀，好像全世界都在尋找這位俄國公主，儘管事關幾百噸黃金的繼承人問題，然而「錢」在這件事情上並不是主旋律，人們只想解開公主之謎。

讓人恐懼的驚魂之域

i-smart

智學堂
智慧是學習的殿堂

★ 親愛的讀者您好，感謝您購買 ＿＿＿＿＿ 這本書！

聾人聽聞的離奇巧合事件：
真的是巧合嗎？

為了提供您更好的服務品質，請務必填寫回函資料後寄回，
我們將贈送您一本好書（隨機選贈）及生日當月購書優惠，
您的意見與建議是我們不斷進步的目標，智學堂文化再一次
感謝您的支持！
想知道更多更即時的訊息，請搜尋"永續圖書粉絲團"

您也可以使用以下傳真電話或是掃描圖檔寄回本公司電子信箱，謝謝！

傳真電話：　　　　　　　　　電子信箱：
（02）8647-3660　　　　　　yungjiuh@ms45.hinet.net

姓名：＿＿＿＿＿＿　○先生　生日：＿＿＿＿＿＿　電話：＿＿＿＿＿＿
　　　　　　　　　○小姐

地址：＿＿＿＿＿＿＿＿＿＿＿＿＿＿＿＿＿＿＿＿＿＿＿＿＿＿＿

E-mail：＿＿＿＿＿＿＿＿＿＿＿＿＿＿＿＿＿＿＿＿＿＿＿＿＿

購買地點（店名）：＿＿＿＿＿＿＿＿＿＿＿　購買金額：＿＿＿＿＿

職　　業：○學生　○大眾傳播　○自由業　○資訊業　○金融業　○服務業　○教職
　　　　　○軍警　○製造業　○公職　○其他＿＿＿＿＿＿＿＿＿＿＿

教育程度：○高中以下（含高中）　○大學、專科　○研究所以上

您對本書的意見：☆內容　　　　○符合期待　○普通　○尚改進　○不符合期待
　　　　　　　　☆排版　　　　○符合期待　○普通　○尚改進　○不符合期待
　　　　　　　　☆文字閱讀　　○符合期待　○普通　○尚改進　○不符合期待
　　　　　　　　☆封面設計　　○符合期待　○普通　○尚改進　○不符合期待
　　　　　　　　☆印刷品質　　○符合期待　○普通　○尚改進　○不符合期待

您的寶貴建議：